Hubertus Halbfas

GLAUBENSVERLUST

Warum sich das Christentum
neu erfinden muss

Patmos

Für die Schwabenverlag AG ist Nachhaltigkeit ein wichtiger
Maßstab ihres Handelns. Wir achten daher auf den Einsatz umwelt-
schonender Ressourcen und Materialien. Dieses Buch wurde auf
FSC®-zertifiziertem Papier gedruckt. FSC (Forest Stewardship
Council®) ist eine nicht staatliche, gemeinnützige Organisation, die
sich für eine ökologische und sozial verantwortliche Nutzung der
Wälder unserer Erde einsetzt.

Bibliografische Information der Deutschen Nationalbibliothek

Die Deutsche Nationalbibliothek verzeichnet
diese Publikation in der Deutschen Nationalbibliografie;
detaillierte bibliografische Daten sind im Internet
über http://dnb.d-nb.de abrufbar.

Umschlaggestaltung: Finken & Bumiller, Stuttgart
Druck: CPI – Ebner & Spiegel, Ulm
Hergestellt in Deutschland

ISBN 978-3-8436-0100-9

Inhalt

Vorwort

»Wenn aber das Salz fade wird, womit soll man dann salzen? Man wirft es weg, und die Leute zertreten es« (Mt 5,13).

Diese Schrift erlaubt sich die offene Rede angesichts eines christlichen Traditionsabbruchs, der ohne geschichtliche Parallele ist und ohne Perspektive, wie ihm begegnet werden kann. Zwar greift Krisenbewusstsein allmählich um sich, konzentriert sich jedoch auf Strukturprobleme der katholischen Kirche. So forderten führende CDU-Politiker, die Kirche möge Männer, die sich als Gläubige besonders bewährt haben, zu Priestern weihen, ohne dass sie das Zölibatsversprechen ablegen. Umfassender verlangte das »Memorandum Freiheit« deutscher Theologen neue Formen der Beteiligung auf allen Feldern des kirchlichen Lebens: Respekt vor dem individuellen Gewissen der Menschen; Gemeinden, die nicht fortwährend der schwindenden Priesterzahl angepasst werden; ein Ende des praktizierten moralischen Rigorismus; die Erneuerung der kirchlichen Rechtskultur und eine Liturgie, die frei von zentralistischer Vereinheitlichung bleibt.

Daneben haben sich prominente Autoren mit Büchern zur Kirchenkrise gemeldet, die schärfer als je zuvor deutlich machen, dass die Hierarchie sich ein neues Volk suchen müsse, wenn nicht bald etwas geschehe. Soziologisch werden auch hier hinter den aktuellen Konflikten gravierende Struktur- und Wahrnehmungsprobleme ausgemacht. Dogmatisch wird das päpstliche Inter-

pretationsmonopol kritisiert und der Reformunwillig-
keit der Kirchenleitung die historische Wahrheit
der christlichen Ursprünge gegenübergestellt, die zu
mehr Freiheit anregen, als theologisch zugestanden
wird. Darüber steht die Frage: »Ist die Kirche noch zu
retten?«

Alle Kritiker konzentrieren sich auf das römische
System. Was sie nicht in den Blick nehmen, ist die fun-
damentale Glaubenskrise, die sämtliche Mängel und
Missstände des Katholizismus übersteigt, denn diese
Krise durchzieht auch die reformatorischen Kirchen und
Gemeinschaften. Überall schmilzt die Substanz der Tra-
dition dahin. In beiden Konfessionen leeren sich die
Kirchen, erscheinen überflüssig, werden umgenutzt und
sogar verkauft. Die Kirchenaustritte nehmen weiter zu.
Dabei übertreffen die evangelischen Austritte die katho-
lischen Zahlen erheblich. Sie zeigen an, dass die Krise
anders ist und tiefer greift, als die katholischen Kritiker
annehmen. Selbst wenn der von allen beklagte römische
Zentralismus überwunden würde, das Papsttum sein
Macht- und Wahrheitsmonopol aufgäbe, die klerikale
Hierarchie sich mit synodalen Strukturen verbände ...,
hätte der tradierte *Glaube* die heutige Krise immer noch
ungelöst vor sich.

Das Verdunsten des christlichen Glaubens, wie es in
Europa vor sich geht, entzieht sich bis heute der ange-
messenen Reflexion. Innerhalb der Gesellschaft herrscht
mehr Unbetroffenheit als Auseinandersetzung. Angesichts des Kirchenpersonals, bei Theologen, Pfarrern
und Religionslehrern, ist man versucht, mit Jesaja zu
klagen: »Die Wächter des Volkes sind blind, sie nehmen
nichts wahr. Es sind lauter stumme Hunde, sie können

nicht bellen. ... So sind die Hirten: Sie verstehen nicht aufzumerken« (Jes 56,10 f.)

Es geht um Herausforderungen, die sich mit Substanz und Selbstverständnis des Christentums verbinden. Eine Neuinterpretation des Glaubens kann nicht mehr umgangen werden. Die vorliegende Schrift *skizziert* freilich nur das Problem. Mein Buch »Der Glaube. Erschlossen und kommentiert«, im Oktober 2010 erschienen im Patmos Verlag, entfaltet es breit. Es geht davon aus, dass die Zukunft nicht mehr mit Einzelkorrekturen, sondern nur mit einer alles umfassenden Neubesinnung gewonnen werden kann.

In beiden Büchern stehen folglich nicht Faktoren gesellschaftlicher Entwicklung im Vordergrund, sondern Fragen nach dem, was der christliche Glaube selbst zu seiner Krise beigetragen hat und wie es um seine Erneuerungsressourcen bestellt ist. Um diese Glaubensproblematik in ihren Ausmaßen deutlich zu machen und Lösungen zu erörtern, sind dabei Grenzüberschreitungen unumgänglich. Der Ernst der Situation erlaubt es nicht, noch länger zu schweigen. Schon viel zu lange verweilt die Breite der Theologenschaft bei ihren akademischen Themen.

Sofern es noch etwas prophetische Unabhängigkeit gibt, die sich wecken lässt, sei ein Wort in Erinnerung gerufen, das Joseph Ratzinger geschrieben hat, als er Professor in Tübingen war: »Selbstgemachter und so schuldhafter Skandal ist es, wenn unter dem Vorwand, die Unabänderlichkeit des Glaubens zu schützen, nur die eigene Gestrigkeit verteidigt wird ... Selbstgemachter und so schuldhafter Skandal ist es auch, wenn unter dem Vorwand, die Ganzheit der Wahrheit zu sichern, Schulmeinungen verewigt werden, die sich einer Zeit als selbstverständlich aufgedrängt haben, aber längst der Revision und der neuen Rückfrage auf die eigentliche Forderung des Ursprünglichen bedürfen. Wer die Geschichte der Kirche durchgeht, wird viele solcher sekundären Skandale finden – nicht jedes tapfer festgehaltene *Non possumus* (»wir können nicht«) war ein Leiden für die unabänderlichen Grenzen der Wahrheit, so manches davon war nur Verranntheit in den Eigenwillen, der sich gerade dem Anruf Gottes widersetzte, der aus den Händen schlug, was man ohne seinen Willen in die Hand genommen hatte.«[1]

Hubertus Halbfas

I

Vorspiel: Wir können nix machen

Januar 1636. Es herrscht Religionskrieg: Kaiserliche Truppen bedrohen die evangelische Stadt Halle. Nachts stoßen Kundschafter auf einen Bauernhof im Weichbild der Stadt. Halle soll im Schlaf überfallen werden. Bei den Bauersleuten befindet sich die stumme Kattrin, die niemand für gescheit hält.

»Bet, armes Tier, bet!«, sagt die Bäuerin zu Kattrin. »Wir können nix machen gegen das Blutvergießen. Wenn du schon nicht reden kannst, kannst doch beten. Er hört dich, wenn dich keiner hört. Ich helf dir.«

Alle knien nieder. Die Bäuerin betet: »Lass die Stadt nicht umkommen mit alle, wo drinnen sind und ahnen nix … und mach, dass der Wächter nicht schläft, sondern aufwacht, sonst ist es zu spät …«

Das geht so dahin, doch während die Bauersleute weiterbeten, hat sich Kattrin fort geschlichen und ist aufs Dach geklettert. Die Leiter hat sie nachgezogen und beginnt nun, eine Trommel vom Marketenderwagen zu schlagen, um die schlafende Stadt zu wecken.

Die Bäuerin: »Hör auf der Stell auf mit Schlagen, du Krüppel!«

Der Bauer: »Sie hat den Verstand verloren.«

Die Soldaten fluchen und drohen, sie vom Dach zu schießen. Kattrin trommelt weiter. »Zum allerletzten Mal«, droht der Offizier: »Hör auf mit Schlagen!« Kattrin trommelt weinend so laut sie kann. Da schießen die Soldaten, Kattrin wird getroffen und sinkt zusammen. Aber ihre letzten Schläge werden von den Sturmglocken der Stadt abgelöst. Die Menschen sind gewarnt, und in den Aufbruch der Stadt fällt der Schlusssatz der Szene. »Sie hat's geschafft«, sagt ein Soldat, hinreichend deutlich, um an das johanneische »Es ist vollbracht!« zu erinnern.[2]

»Wir können nix machen …« Weil der Priesternachwuchs wegbleibt und alle paar Jahre die »pastoralen Räume« dem verbleibenden Bestand angepasst werden müssen, empfiehlt der Papst, für neue Priester zu beten – aber den Ursachen nachzugehen und selbst neue Bedingungen zu schaffen, unterbleibt. Da soll wohl auch der liebe Gott nix machen können.

»Wir können nix machen …« Dass der traditionelle Glaube nur noch einen Bodensatz bei Kirchenmitgliedern und Geistlichen beider Konfessionen ausmacht, hat eine repräsentative Befragung aufgedeckt[3] – aber über die Zeiten hin stört es keinen Glaubenswächter, dass das Apostolische Glaubensbekenntnis, wie es alle christlichen Kirchen sprechen, den historischen Jesus mit seinem Reich-Gottes-Programm ausklammert. Wenn man auf diese Weise das Evangelium Jesu durch das Evangelium des Paulus ersetzt, wird auch im christlichen Bewusstsein das Profil unklar und die eigene Rede schwammig.

»Wir können nix machen …« Eine neue »Evangelisierung« Europas wird ausgerufen, um den Bruch zwischen Leben und Glauben zu überwinden – und gleichzeitig entsteht ein »Weltkatechismus«, der alle Resultate biblischer Forschung aus zweihundert Jahren ignoriert, um den alten Formelbestand unberührt von historischer

Kritik zu bewahren. Da karikiert sich die Evangelisierung selbst.

Wenn man nicht unterscheiden kann, worum man beten darf und was man selbst besorgen muss, das Gebet sozusagen als Versteck vor der eigenen Verantwortung missbraucht, verwundert es nicht, dass der allein Gott überlassene Reformstau die Kirche verkommen lässt.

II

Absturz ins Bodenlose – die Glaubenssprache ist unverständlich geworden

»Was ich fragen wollte«, begann Pauly wieder. »Hatten Sie, als Sie diese plötzliche Sprachstörung bekamen, ein Problem mit dem Text?«

»Ja«, sagte er. »Aber es kam völlig überraschend.«

»Es handelte sich um das Glaubensbekenntnis, nicht wahr?«

»Ja.«

»Was ist denn in Ihnen vorgegangen?«

Er zögerte. Dann sagte er: »Es war der totale Schrecken. Ich musste plötzlich denken, alles, was da steht und was ich immer gesagt habe und jetzt wieder sagen soll, glaube ich nicht. Weder die Erschaffung von Himmel und Erde durch Gott noch seine eigene Existenz. Und auch nicht die Auferstehung Christi, seine Himmelfahrt und seine Wiederkehr beim Jüngsten Gericht. Nichts war mehr da. Ich bin ins Bodenlose abgestürzt …

Ja, so war es. Ein Sturz ins Leere … Ich habe mich gefragt: ›Was erzählst Du den Menschen eigentlich? Das sind doch alles nur Fiktionen!‹« (…)

Trotzdem konnte er es nicht unterlassen zu fragen: »Wäre denn für Sie und für die Kirche ein Pfarrer akzeptabel, der nicht an Gott glaubt?«

»Sie stellen verfängliche Fragen«, sagte Pauly. »Aber ich weiß, es treibt Sie um. Also, ich kann in diesem Fall nur für mich sprechen. Ich könnte es akzeptieren unter der Bedingung, dass die christliche Grundorientierung erhalten bleibt und der Gottesglaube anderer Menschen nicht angetastet wird. Ich bin sogar überzeugt, dass es oft so läuft.«

Eigentlich, dachte er, glaubt Pauly auch nicht an Gott.
Oder nur in der unbestimmten, nicht weiter hinterfrag-
ten Weise, wie ich es bis vor kurzem auch getan habe.

Dieter Wellershoff[4]

Die zwei, die sich hier unterhalten, sind ein evangeli-
scher Pfarrer und dessen Vorgesetzter, der Superintendent Pauly. Auch ein katholischer Pfarrer könnte so
reden, aber dessen Bischof würde wohl kaum so antwor-
ten wie der Superintendent. An Bischöfen laufen in
solchen Situationen Glaubenszweifel ab wie Wasser vom
neuen Autolack.

Die Shell-Jugendstudie vom Jahr 2000 fasst ihre
Ergebnisse für die religiöse Situation so zusammen:
»Insgesamt haben wir eine Entwicklung hinter uns, die
den christlichen Kirchen wenig Chancen belässt, unter
den derzeitigen Bedingungen und in den bisherigen
Formen Einfluss auf die junge Generation zu gewinnen.«[5] Entsprechend bekräftigt die Shell-Studie von 2010
die sich fortsetzenden religiösen Abbrüche: »Unbestreit-
bar sind die klassische Religiosität und ihre Lebensbe-
deutung bei den Jugendlichen des religiösen Main-
streams in Deutschland weiter im Rückgang, wobei der
Schwerpunkt der Veränderung bei den katholischen
Jugendlichen liegt.« Der gewaltigste Einbruch verbindet
sich mit dem Gottesglauben. Nur noch 37 Prozent der
Jugendlichen (zwischen 12 und 25) betrachten den Gottesglauben für ihr Leben als wichtig, aber 46 Prozent für
unwichtig. Unter den Katholiken neigen sogar 56
Prozent der Auffassung zu, dass der Gottesglaube für sie
weniger bis gar nicht bedeutsam sei.[6]

Aber bereits die mittlere und ältere Generation getaufter Christen hat ihren Glaubensbezug verloren. Deren Kinder, die jungen Erwachsenen und Jugendlichen von heute, mögen zum Teil noch an der üblichen Erstkommunion- und Konfirmationsfolklore teilnehmen, doch bleiben sie spirituell dem Christentum fremd. Die häusliche religiöse Erziehung fällt vielfach bereits über drei oder vier Generationen hinweg aus. Diese christlich distanzierten Jugendlichen von heute werden ihre Kinder von morgen ebenfalls nicht mehr christlich bilden und erziehen.

Es gibt nichts zu beschönigen: Bis ins aktive Zentrum der Kirchen hinein ist die Sprache des überlieferten Glaubens verkalkt, abgestanden, verschlissen. Mit dem Wort »Gott«, über Jahrhunderte im Übermaß für eigene Interessen missbraucht, verbindet sich keine prophetische Kraft mehr. Die Sätze des Apostolischen Glaubensbekenntnisses provozieren Ratlosigkeit. Der Grundbestand der Glaubenslehre hat sein Verfallsdatum hinter sich. Bemerken die amtlichen »Verkünder« der »Botschaft« noch, dass das, was sie sagen, zu oft ins Leere geht? Und wenn ja: Stellen sie sich der notwendigen Debatte über die Zukunft des Glaubens hierzulande?

Obgleich die Situation nicht mehr zu ignorieren ist, führt sie immer noch nicht zu kirchlichen Selbstrevisionen. Kein Problem ist zentraler, keines tödlicher als ein Leerlauf der Glaubenssprache – von »Verkündigung« gar nicht zu reden. Wird dieser offensichtliche Tatbestand nicht mit höchster Aufmerksamkeit bedacht, welkt das Christentum dahin. Dann mögen die fundamentalistischen Zirkel, wie sie allerwegen zunehmen, noch so sehr den unverändert wahren Glauben beschwören, sie vermehren damit nur die großen Friedhöfe unter dem Mond.

Gründe, warum die kirchliche Sprache ins Leere geht, existieren vielfältig. Sie liegen in der Sache selbst als auch bei den Lebensumständen des lehrenden Personals. Viele Kirchenleute isolieren sich schon in jungen Jahren in Gemeindezirkeln und Seminarien. In dieser Isolation suchen und gewinnen sie eine Gruppenidentität, die für den Rest des Lebens an den traditionellen Formelbestand bindet. Als Amtsträger eignen sie sich besonders dafür, über den »wahren Glauben« zu wachen. Aber wo bleibt in ihrer Person und ihrem Weltbild, was zu einem authentischen Menschen gehört: jene Komplexität der Erfahrung, des Denkens und Lebens, die ein mit sich identischer Mensch integriert: Gott und die Welt, Glauben und Zweifel, unterschiedliche als auch widersprüchliche Lebenswelten? »Jeder von uns ist mehrere, ist viele, ist ein Übermaß an Selbsten«, sagte Fernando Pessoa. Wer solche Spannung nicht erträgt, sucht Schutz im isolierten Formelbestand, gewinnt darin vermeintliche Sicherheit, aber verliert den Kontakt zu einem Leben, das anderswo stattfindet.

III

Die Wahrheit des Evangeliums Jesu ist etwas anderes als die Wahrheit einer Glaubenslehre

> »Ich sage: Ja! *Corruptio optimi quae est pessima* [Die Verderbnis des Besten ist das Schlimmste]. Durch den Versuch, die Offenbarung zu sichern, zu garantieren, zu regeln, wird das Beste zum Schlimmsten …
> Ich lebe außerdem in einem Gefühl größter Zwiespältigkeit. Ich komme nicht ohne Traditionen aus, aber ich muss erkennen, dass ihre Institutionalisierung die Wurzel von etwas Bösem ist, das tiefer geht als alles Böse, das ich mit unbewaffnetem Auge und Geist erkennen könnte.«
>
> *Ivan Illich[7]*

Alle christlichen Kirchen bekennen in ihren zentralen Formeln einen Glauben, in dem das Leben Jesu nicht vorkommt, nichts von dem, was ihn unter dem Programmwort »Reich Gottes« bis in den Tod hinein engagiert hat. Die Glaubensbekenntnisse, wie sie über die Jahrhunderte hin gelehrt und gesprochen werden, ersetzen Jesus – von den biologischen Eckdaten Geburt und Kreuzigung abgesehen – durch Christusdeutungen. Dabei sind »Maria, die Jungfrau«, und die postmortale Existenz Christi wichtiger als das mit dem Leben Jesu gelegte Fundament. Dieses »Loch« im Glaubensbekenntnis ist eine Paulus zu verdankende folgenschwere Verdrängung des historischen Jesus. Er hat ihn zu dessen Lebenszeit nicht gekannt. Hat sich offensichtlich auch nie bemüht, genaue Kenntnisse über Jesus und seine Reich-Gottes-Botschaft zu gewinnen, obwohl er Petrus besuchte und fünfzehn Tage bei ihm blieb (Gal 1,18). Auch »Jakobus, dem Bruder des Herrn« (Gal 1,19) ist er begegnet und Johannes (Gal 2,9). Offensichtlich wollte er sich aber nicht in Abhängigkeit von diesen Augen- und Ohrenzeugen begeben, weil er Wert darauf legte, »sein« Evangelium »nicht von einem Menschen über- nommen und gelernt, sondern durch die Offenbarung Jesu Christi empfangen« zu haben (Gal 1,12). So über- ging Paulus *alles*, was Jesus zu seinen Lebzeiten bewegte und lehrte, die Summe seiner Reich-Gottes-Botschaft in Wort und Gleichnis, in Zuwendung und offener Tisch- gemeinschaft. Gäbe es nur »sein Evangelium«, wäre für uns Jesus nicht einmal eine Kontur: Wir würden keine Gleichnisse kennen, keine Bergpredigt, kein Vaterunser, kein Wissen über Jesu Leben und Verhalten. Der Neutes- tamentler Günther Bornkamm konnte sagen, dass wir heute trotz unseres großen zeitlichen Abstandes »mehr über den geschichtlichen Jesus wissen, als Paulus von ihm wusste«[8] – und, wie hinzuzufügen ist, Paulus wohl meinte wissen zu sollen.

Was Jesus interessierte, war eine Lebensordnung, die er als »Herrschaft Gottes« oder »Reich Gottes« verstand: keine jenseitige Welt, sondern eine Lebensweise in der Welt der Menschen. Er schrieb in den Alltag dessen gött- liche Bestimmung hinein. Dies machte er konkret durch eine provokante offene Tischgemeinschaft, die Symbol und Realisation seiner Lehre war. In Gleichnissen und mit eigenem Verhalten deutete er seine Mahlgemein- schaften, die in bunter Reihe Männer und Frauen, Arme und Reiche, Sklaven und Freie, Pharisäer zwischen Zöllnern und Dirnen versammelten. Und da dies Verhalten damals wie heute schockierte, wurde er als Fresser und Säufer, Freund von Sündern und Zöllnern beschimpft. Doch war dies sein Programm: ein Muster nicht-diskriminierender Gesellschaft. Irritierend und provokativ für alle, welche die eigene Identität nur in den Augen von ihresgleichen finden; eine Zumutung, von allen Unterschieden des Standes und Ranges abzusehen, um selbst mit ordinären Menschen »gemein« zu werden. »Der radikale Egalitarismus des Gottesreichs, von dem Jesus sprach, ist erschreckender als alles, was wir uns vorgestellt haben, und selbst, wenn wir es nie annehmen können, sollten wir doch nie versuchen, es wegzuerklären und als etwas anderes, als es ist, auszugeben« (John Dominic Crossan[9]).

Die Praxis der offenen Tischgemeinschaft, welche die Reich-Gottes-Botschaft Jesu quer zu geltenden Anschauungen und Sitten herausstellt, wurde nach seinem Tod von der frühen Jesusbewegung weitergeführt, nunmehr über das Judentum hinaus, sodass hier nicht mehr der Unterschied zwischen Jude und Grieche gelten sollte. Aber im gleichen Schritt wurde diese Mahlgemeinschaft auch exklusiv, indem sie nur noch unter Jesus-Leuten stattfand. Damit begann bereits die Verkirchlichung des Programms, eine die Tischgemeinschaft wesentlich verändernde Kultisierung. Dies kann auch nicht ausbleiben, wenn ein Mahl aus dem regulären Lebensvorgang herausfällt und zum Erinnerungsmahl wird. Und nachdem das hellenisierte Christentum sich vom Judentum geschieden und feindlich distanziert hatte, war man bald wieder unter seinesgleichen – der provokante Ansatz Jesu eingeebnet. Seitdem sollen nur noch die

Heiligen am Tisch sitzen, und »die Hunde« mitzubedenken wird verboten (Didache 9).

Nun ist die problematische Institutionalisierung der offenen Tischgemeinschaften Jesu nur *ein* Aspekt seiner abgebogenen Wirkungsgeschichte. Nicht minder ist das Schicksal seiner Lehre zu bedenken. Seit Beginn der kritischen Forschung wird zwischen dem historischen Jesus und dem verkündigten Christus unterschieden. Das »Loch« im Glaubensbekenntnis hat sich im theologischen System bis zum Tage fortgesetzt. Es wieder zu füllen und ausgleichen zu können, ist auf absehbare Zeit hin kaum zu erwarten. Nach wie vor wird das Reich-Gottes-Evangelium Jesu von dem inhaltlich ganz anders geprägten Evangelium des Paulus zugedeckt. Von den rund 620 Seiten der Bultmannschen »Theologie des Neuen Testaments« sind nur 34 Seiten Jesus und seiner Lehre gewidmet, alles Übrige ist paulinische Theologie.

Was stellt Paulus dem Evangelium Jesu an die Seite? Das Wort Evangelium erfährt eine vollständige Bedeutungsverschiebung. An die Stelle der Reich-Gottes-Botschaft Jesu tritt die Verkündigung des Gekreuzigten und Auferstandenen: »Von jetzt an wollen wir keinen mehr dem Fleisch nach kennen. Wenn wir je den Messias dem Fleisch nach gekannt haben – jetzt kennen wir ihn nicht mehr so« (2 Kor 5,16; vgl. 1 Kor 2,2). Paulus erklärt »die Auferstehung Jesu« zum grundlegenden Ereignis, das seine gesamte Theologie trägt: Durch Jesus Christus, den Gekreuzigten und Auferweckten, kommt alles Heil, verstanden als Teilhabe am ewigen Leben, das den Menschen durch den Sühnetod Jesu erschlossen wurde. Das aber ist ein ganz anderer Inhalt, als ihn Jesus vertrat. Dessen Botschaft setzen am klarsten jene Schriften fort, die im palästinischen Bereich entstandenen sind: die Spruchquelle Q und das Thomasevangelium. Diese Evangelien tradieren die Reich-Gottes-Verkündigung Jesu, in der es keines Sühnetodes bedarf, um die Menschen mit Gott zu versöhnen.

Paulus spricht folgerichtig auch von »*meinem* Evangelium« (Röm 2,16; 16,25; 2 Kor 4,3; 1 Thess 1,5; 2 Thess 2,14), in dem das zentrale Programm Jesu nicht mehr vorkommt. Zugleich gewinnt der Begriff Evangelium einen neuen Grundton. Es gilt Paulus als »Gotteskraft« zum Heil für jeden, der es gläubig annimmt, und fordert nun »Glaubensgehorsam« (Röm 1,5; 16,26). Der (möglicherweise auch von einem Paulus-Schüler geschriebene) Zweite Thessalonicherbrief macht von der Annahme oder Ablehnung dieser Botschaft folgerichtig das Schicksal der Menschen beim Gericht abhängig: »Dann übt er Vergeltung an denen, die Gott nicht kennen und dem Evangelium Jesu, unseres Herrn, nicht gehorchen. Fern vom Angesicht des Herrn und von seiner Macht und Herrlichkeit müssen sie sein, mit ewigem Verderben werden sie bestraft, wenn er an jenem Tage kommt, um inmitten seiner Heiligen gefeiert und im Kreis aller derer bewundert zu werden, die den Glauben angenommen haben« (1,8–10). War Jesu Evangelium noch uneingeschränkte Freudenbotschaft, so kommt nun ein drohender Unterton auf, der später immer stärker anschwillt.

Wer aber »Glaubensgehorsam« fordert, setzt zugleich auf Kontrolle – und befördert damit eine Entwicklung, die jede Abweichung mit sich steigernden Strafen verfolgt. Dieser Geist steckt bereits in den letzten Jahrzehnten der neutestamentlichen Schriften und artikuliert sich in zunehmender Emotionalität. Paulus konnte noch wünschen, einen fehlenden Mitbruder »im Geist der Sanftmut wieder auf den rechten Weg zu bringen« (Gal 6,1), und zugleich sagen: »Wer ein anderes Evangelium verkündigt, als wir euch verkündigt haben, der sei verflucht, auch wenn wir selbst es wären oder ein Engel vom Himmel. Was ich gesagt habe, das sage ich noch einmal: Wer euch ein anderes Evangelium verkündigt, als ihr angenommen habt, der sei verflucht« (Gal 1,8 f.). Und schon an den Rändern der apostolischen Zeit melden sich Parolen, einen ketzerischen Menschen, einerlei, ob er ethische oder doktrinäre Probleme aufwirft, zu meiden, ihn nicht einmal zu grüßen oder aus der Gemeinde auszustoßen.

Das Evangelium Jesu bietet für solche Lehrstreitigkeiten keinen Ansatz. Es ist im eigentlichen Sinne auch keine Lehre, sondern ein Lebensmodus, der nicht argumentativ bewiesen werden muss, weil er seine Überzeugungskraft aus sich selbst besitzt.

Nachdem aber Paulus diese Lebensweise gegen eine theologische Lehre eingetauscht hatte – die er mit einer Vision begründete und als göttliche Offenbarung verstand (Gal 1,12) – nimmt das Interpretieren, Räsonnieren, Verpflichten und Verketzern kein Ende. »Aus dieser starken Fixierung auf die Doktrin ist die Leidenschaftlichkeit zu verstehen, mit der die dogmatischen Streitigkeiten seit dem 2. Jahrhundert geführt wurden. Die vernichtende Polemik, die unerhört scharfen Aggressionen, die Verweigerung von Einigung und Versöhnung, die rücksichtslosen Mittel im Umgang mit dem ›Gegner‹ zeigen, wie einseitig nun das Wesen des Christentums im Dogma gesehen wurde, zu dessen Gunsten andere christliche Postulate missachtet wurden. Infolge von

Parteilichkeit, Fanatismus und auch Machtinteressen waren diese Konflikte kompliziert und aussichtslos. Die antike Gesellschaft hatte wegen ihres sehr anderen, undogmatischen Religionsverständnisses solche Glaubensstreitigkeiten vorher nicht gekannt. Erst das Christentum hat sie durch sein zentrales Interesse an der Glaubensformel verursacht.« (Norbert Brox[10])

Nachdem die Konstantinische Wende der Kirche seit 312 Reichsgeltung verschaffte, konnte das Dogma sogar politisch durchgesetzt, seine Bestreitung mit Repression verfolgt werden. Dienten die scholastischen Schulstreitigkeiten noch einer differenzierten Begriffsbildung, folgten später wüste und mörderische Verfolgungen von Paulicianern, Bogomilen, Katharern, Waldensern, Wiclifiten, Hussiten, Begarden, Beginen, radikalen Franziskanern ... Sie alle suchten eine Alternative zum gewaltsam behaupteten Glauben, wobei die Verschränkung theologischer Probleme mit politischen, wirtschaftlichen und sozialen Verhältnissen nie fehlte. Die anfänglich meist noch dialogische Alternative wurde bald immer mehr in den Untergrund gedrängt und entwickelte sich dort zu dynamischen Gegenkirchen, denen die Hierarchie nur mit äußerster Anstrengung und um den Preis massenhaft geopferter Menschenleben widerstehen konnte. Um die weitgehend brüchige und oft auch nur fiktive Einheit zu bewahren, sind selbst Genocide – wie jener an den Albigensern – nicht unterblieben.

Da der Glaube nun als einheitliches Lehrsystem gesehen wird, kann jede individuelle Abweichung als Regelverstoß gedeutet werden. Im Codex des kanonischen Rechts (CIC) von 1917 wurde bereits der Verdacht der Häresie zum Strafbestand, zumal dieses Recht mit einer Schuldvermutung arbeitete: Der Angeklagte hatte im Gegensatz zum weltlichen Recht seine Unschuld zu beweisen. Der Can. 2315 formulierte: »Ein der Häresie Verdächtiger, der nach Ermahnung den Grund des Verdachtes nicht beseitigt, ist von kirchlichen Rechtshandlungen ausgeschlossen. Ein Kleriker ist außerdem nach erneuter fruchtloser Mahnung zu suspendieren. Wenn ein der Häresie Verdächtiger innerhalb von sechs Monaten, nachdem er sich diese Strafe zuzog, sich nicht bessert, gilt er als Häretiker und verfällt den Strafen für Häretiker.« Alle Maßnahmen der Inquisition waren darauf gerichtet, Geständnisse zu gewinnen, und dazu war jedes Mittel, die Folter inbegriffen, recht. Eine Verteidigung gab es nicht – sowenig sich diese Unrechtskonstruktion bis heute substantiell geändert hat.

Denn der Inquisition eröffnete sich, nachdem die letzten Scheiterhaufen verglüht waren, ein neues Feld, das sich zum eigentlichen Arbeitsbereich des »Heiligen Officiums«, der heutigen Glaubenskongregation, entfaltete: die Überprüfung theologischer Lehre, was die Zulassung oder Aussperrung von Theologen auf akademischen Lehrstühlen einbezieht. »Verdächtigungen, keine vollständige Akteneinsicht, keine Möglichkeit, unterschiedliche Auffassungen im Gespräch mit Fachleuten zu klären, und damit keine zureichende Verteidigungsmöglichkeit, Heimlichkeit des Verfahrens … gehören damals wie heute dazu« (Werner Böckenförde)[11]. Eine sachliche Begründung von Beanstandungen gibt es nicht. Beanstandete Theologen haben immer noch kein Recht auf Information zu jeder Zeit des Verfahrens, das Recht auf einen selbst gewählten Beistand und das Recht auf Einsicht in die vollständige Akte des eigenen Falls. Ja, die Untersuchung kann schon jahrelang in Gang sein, bevor der Inkriminierte überhaupt davon erfährt. Man erwartet, dass sich der Beschuldigte der kirchlichen Autorität unterwirft, fast immer bei Schweigepflicht für den Betroffenen. Gewaltenteilung ist diesem System fremd. Der Gesetzgeber ist zugleich der Richter.

Eine solche Institutionalisierung des Glaubens ist eine Konsequenz des Wechsels vom Evangelium Jesu zum Evangelium des Paulus. Es ist der Wechsel von der (nicht bestreitbaren) Wahrheit eines gelebten Lebens zur (stets bestreitbaren) Wahrheit eines theologischen Lehrsystems. Wenn diese Lehre als Dogma festgeschrieben, als Glaubensgehorsam eingefordert und Aufsichtsbehörden – einer »Glaubenspolizei« – unterstellt wird, können so horrende Fehlentwicklungen, wie sie die Kirchengeschichte kennt, nicht ausbleiben: Bespitzelung, Denunziation, Verhör, Enteignung, Folter, Verurteilung, Hinrichtung. Alles einer »Wahrheit« wegen, die Jesus von Nazaret mit seinem Reich-Gottes-Programm zeitlebens fremd war. Dem Ratzinger Biographen John L. Allen hat ein Mitglied der Kongregation der Glaubenslehre einmal gesagt, »dass die Kirche eine pastorale Kontrolle über ihre Theologen in derselben Weise benötige, wie der Staat zivile Kontrolle über das Militär ausübe«.

»Die Wahrheit, die uns laut Jesus befreien wird«, betont jedoch der italienische Philosoph Gianni Vattimo, »ist weder die objektive Wahrheit der Wissenschaft noch die der Theologie ... Die einzige uns durch die Heilige Schrift offenbarte Wahrheit, die im Laufe der Zeit keinerlei Mythisierung erfahren kann – da es sich nicht um eine experimentelle, logische, metaphysische Aussage, sondern um einen praktischen Appell handelt –, ist die Wahrheit der Liebe.«[12]

Wenn die Christenheit in all ihren Konfessionen und Schattierungen die Wahrheit stets mit »Aussagen«, mit Lehre und Bekenntnisformel verbunden hat, hat sie zugleich in ihrer gesamten Geschichte belegt, dass eine solche »Wahrheit« nicht frei macht, sondern immer und immer wieder nur dazu verführt, sie zu behaupten, sie durchzusetzen, sie mit Autorität, Macht und Geltungsstreben zu sichern. Dieses Christentum des *Codex Iuris Canonici*, dessen Recht nicht einmal die Persönlichkeitsrechte respektiert, wie sie vor weltlichen Gerichten gelten, dieses Christentum der Lehrverurteilungen, der Inquisition, der Schnüffelei und Denunziation, der Schreib- und Redeverbote, des Misstrauens, der Kontrolle und Absicherungen durch Eide ..., dieses Christentum ist zu *keiner* Zeit das Salz der Erde, die Stadt auf dem Berge, das Licht der Welt gewesen.

Nur dort, wo die Liebe zum Nächsten gelebt wurde, wurde die freimachende, erlösende Wahrheit, von der das Evangelium spricht, erfahren. Humaner gemacht hat das Christentum die Welt durch das Lebenszeugnis zahlloser und meist namenloser Menschen: Von früh auf bis heute war es die Armenfürsorge in den Gemeinden, die Zuwendung zu den Verlassenen, die Pflege der Kranken, die Annahme jener, von denen die Reichen und Gesunden sich abwenden ... dieser Dienst hat eine neue Dimension in die Weltgeschichte gebracht.

So sehr es bis zum Tage Scharen unbekannter Menschen sind, die das Evangelium Jesu leben, so ragen aus dieser Geschichte auch Namen hervor – in Vergangenheit und Gegenwart –, von denen einige erinnert seien, um die anderen, die von ihnen bis heute vertreten werden, nicht zu vergessen: Da ist Ambrosius, der das Einschmelzen von Kelchen zum Loskauf der Gefangenen durchsetzt; Martin von Tours, der die Gemeinschaft mit seinen Mitbischöfen aufkündigt, weil sie einen der Irrlehre Geziehenen zur Todesstrafe verurteilen; da sind Peter Waldes und Franz von Assisi, welche die Bergpredigt mit radikaler Armut und Nächstenliebe einlösen; Elisabeth von Thüringen, die als Königstochter Pflegearbeiten übernimmt, die niemand sonst tun will; Bernhardin von Siena oder Damian Deveuster, die unter Einsatz ihres eigenen Lebens Pestkranken und Aussätzigen dienen; Vinzenz von Paul, der sich den Galeerensträflingen zuwendet und zusammen mit Louise de Marillac und einer unübersehbaren Gefolgschaft sich den Kranken und Hilflosen widmet; der Arzt Friedrich Joseph Haas, der den Gefangenen und Verbannten Russlands Recht, den Kranken und Krüppeln Zuwendung erstreitet; William Wilberforce, der als das soziale Gewissen im britischen Parlament die Legitimation der Sklaverei überwindet; Friedrich Engels, der in seiner Jugend noch um ein »positives« Christentum ringt, um dann gegen die christlich-bürgerliche Welt das himmelschreiende Elend der arbeitenden Bevölkerung unter der Frühindustrialisierung anzuklagen und zusammen mit Karl Marx das Kommunistische Manifest zu verfassen; Friedrich von Bodelschwingh, der sich lebenslang für soziale Gerechtigkeit engagiert und in den Bodelschwingh'schen Anstalten den Debilen und Schwachen ihre Würde zurückgibt, die ihnen außerhalb versagt bleibt; Martin Luther King, der für die Bürgerrechte der Schwarzen Amerikas und in aller Welt kämpft; Desmond

Mpilo Tutu, der die Welt auf die unerträglichen Zustände der Schwarzen Südafrikas unter der Apartheidpolitik hinweist; Oscar Arnulfo Romero, der – wie alle vorweg Genannten – nach der Maxime lebt: »Die Kirche würde ihre Liebe zu Gott und ihre Treue zum Evangelium verraten, wenn sie aufhörte, die Stimme derer zu sein, die keine Stimme haben.«

Die Wahrheit eines Christentums, das der Reich-Gottes-Verkündigung Jesu folgt, ist aus sich überzeugend. Diese Wahrheit muss nicht geglaubt, nicht bewiesen und nicht verteidigt werden. Sich auf sie einzulassen, verlangt kein Verstandesopfer, sondern Sensibilität, Mitmenschlichkeit und Mitgefühl für alles Leben. Das Christentum, das sich in dieser Rückbesinnung auf die Reich-Gottes-Thematik zu sich selbst bekehrt, ist eine Größe, die sich heute selbst noch nicht kennt. Der Weg zu dieser Selbstfindung wird schwer und irritierend sein, weil damit auf viel Zubehör, das sich in zweitausend Jahren angesammelt und Patina angesetzt hat, aus Notwendigkeit und Einsicht verzichtet wird.

Die Strenge der gerichtlichen Verfahren, welche die Glaubensbehörde verfolgt, so erklärte Pius XII., könne sich nicht an der Praxis weltlicher Gerichte orientieren: »Die katholische Kirche ist ... eine vollkommene Gesellschaft, die als Fundament die von Gott unfehlbar geoffenbarte Glaubenswahrheit hat. Was gegen diese Wahrheit ist, ist notwendig ein Irrtum, und dem Irrtum können objektiv nicht die gleichen Rechte zuerkannt werden wie der Wahrheit. Daher haben die Freiheit des Gedankens und die Gewissensfreiheit ihre wesentlichen Grenzen in der Wahrheit des sich offenbarenden Gottes.« (AAS 38 [1946] 391/7.) Die Offenbarung Gottes so für sich in Anspruch zu nehmen, bewahrt die Kirche vor Selbsterkenntnis und Selbstkritik und damit vor der Wahrnehmung des eigenen Schattens. Reformbereitschaft und Reformfähigkeit in wesentlichen Dingen sind auf diesem Weg nicht zu erwarten.

IV

Die Sprache des Glaubens verhindert Glauben

»Ich kann mich nicht mehr so verrenken. Ich habe Gott
mit diesen Formeln geerbt, jetzt verliere ich ihn durch
diese Formeln.«

Martin Walser[13] *in seinem Roman »Halbzeit«*

Stimmt es wirklich, dass die Kirche eigentlich ein gutes
Produkt hat, das sie nur besser vermarkten, verkaufen
müsse? Was aber wäre, wenn es mit dem Saatgut nicht
mehr stimmt, weil es »verbraucht« ist, weil im 21. Jahrhundert eben nicht mehr derselbe Samen keimen kann
wie der im ersten, der im dreizehnten oder der im sieb-
zehnten Jahrhundert verwendete? Ja, wenn es im Lauf
der Zeit immer schon nie exakt derselbe Samen sein
konnte, um zu gedeihen? Waren Theologie, Philosophie
und andere Wissenschaften in der Geschichte des Christentums nicht immer auch ein wenig wie »Zuchtanstal-
ten«, die im Zuge des historischen Wandels neue Sorten
aus den bewährten alten durch Kreuzungen – Inkultura-
tion – unter den Bedingungen eines gewandelten Klimas
hervorbringen mussten, um der Fruchtbarkeit zu dienen?
Und die den Ur-Samen zur Korrektur auch wieder ein-
zukreuzen hatten?

Johannes Röser[14]

Die Intention, das Saatgut wieder aufzufrischen, hat
Papst Johannes Paul II. bewegt, aus Anlass des 20. Jah-
restages nach Abschluss des Zweiten Vatikanischen
Konzils (1962–65) eine Bischofssynode einzuberufen,
die dann »sehr einmütig« wünschte, einen Katechis-

mus[15] zu erstellen, der »die rechte Lehre bieten und zugleich dem heutigen Leben angepasst sein« solle. Er verstand diesen Katechismus für die Weltkirche als »Dienst an der Erneuerung«, zu der »der Heilige Geist die Kirche ... unablässig ruft«. Auch sollte er eine Hilfe sein, »die neuen Situationen und Probleme zu beleuchten, die sich in der Vergangenheit noch nicht ergeben hatten«. Es wurde eine Kommission von zwölf Kardinälen und Bischöfen bestellt unter Vorsitz von Kardinal Ratzinger, um diesen Katechismus zu erarbeiten. Ein Komitee von sieben Diözesanbischöfen und Fachleuten für Theologie und Katechese übernahm die redaktionelle Arbeit. »Theologen, Exegeten und Katecheten sowie Bischöfe der ganzen Welt« prüften und verbesserten den Text. »Der Entwurf wurde sodann Gegenstand einer unfangreichen Beratung aller katholischen Bischöfe, ihrer Bischofskonferenzen oder ihrer Synoden, ferner von Instituten für Theologie und Katechese«, sodass Papst Johannes Paul II. abschließend feststellte, »dass dieser Katechismus die Frucht der Zusammenarbeit des gesamten Episkopates der katholischen Kirche ist«. Kardinal Ratzinger lobte das Werk, das »aufgrund seiner Weisheit in der Darstellung und seines geistlichen Charakters immer der Grundtext für die kirchliche Katechese heute bleibt«.

Offensichtlich unterblieb aber gleich zu Beginn die Überlegung, ob die herkömmliche Form eines Katechismus überhaupt geeignet ist, solche Erwartungen zu erfüllen. Kann in diesem Muster dem Verdunsten des Glaubens und dem stillen Massenauszug aus der Kirche überhaupt begegnet werden? Und weckt das Katechismus-Muster nicht gleich innere Abwehr gegenüber einer autoritativen Lehre, die Glaubensgehorsam einfordert?

Der wichtigste Teil ist der Lehre über Jesus Christus gewidmet. Dem Leser fällt gleich auf, dass er über das geschichtliche Leben Jesu nichts erfährt. Wo das Glaubensbekenntnis sein bis heute unbeachtetes »Loch« hat, nämlich zwischen Jungfrauengeburt und Kreuzigung unter Pilatus, Leben und Lehre Jesu also einfach übergeht, handelt der Katechismus über »die Mysterien des Lebens Christi« und führt aus: »Im Leben Jesu ist alles – von den Windeln bei seiner Geburt bis zum Essig bei seinem Leiden und zum Grabtuch bei seiner Auferstehung – Zeichen seines innersten Geheimnisses. Durch seine Taten, seine Wunder, seine Worte wurde offenbar, dass in ihm ›die ganze Fülle der Gottheit leibhaftig wohnt‹ (Kol 2,9).«

So wird von Anfang an das »Leben Christi« auf Goldgrund gemalt, die historische Erkundung aber vermieden. Es gibt ein »Weihnachtsmysterium«, ein »Kindheitsmysterium«, die »Mysterien des Verborgenen Lebens« und die »Mysterien des Öffentlichen Lebens«. Zwischen Tatsache und Legende wird nicht unterschieden. Zweihundertfünfzig Jahre historisch-kritische Exegese scheinen nur vereinzelt durch, hauchdünn, insgesamt bleiben wissenschaftliche Ergebnisse vor der Tür. Das mindert entschieden die Glaubwürdigkeit des Glaubensbuches. Die Forderung in der Bibelenzyklika Pius' XII., stets die Intentionen der einzelnen biblischen Autoren zu ermitteln und zu unterscheiden, wird übergangen. Es hätte deutlich werden müssen, dass die einzelnen Evangelien nichtharmonisierbare Jesusbilder entwerfen. Stattdessen überblendet der Weltkatechismus das Eigenprofil der Evangelien und kreiert ohne Rücksicht auf literarische Zusammenhänge ein stilisiertes »Mysterium«: einen Jesus, der weder der Jesus des Markus, des Matthäus, Lukas oder Johannes ist, sondern ein Produkt der Katechismusverfasser, die aus ihrem dogmatischen Verständnis heraus einen eigenen Jesus backen und dabei das Neue Testament als Steinbruch für Belegstellen missbrauchen. Ein solcher Flickenteppich zusammengeklitterter Zitate muss mit dem Widerspruch kundiger und kritischer Leser rechnen. Doch scheint es, dass die Kirche solche Leser bereits abgeschrieben hat. Will sie den theologischen Sachstand der exegetischen Wissenschaften nicht wahrnehmen und in ihre Darstellung einbeziehen, um keine schlafenden Hunde zu wecken? Aber die Angst, dass das eigene Glaubensgehäuse unter diesen Erkenntnissen zerfallen könnte, wird bei aller stattfindenden Verdrängung sehr wohl empfunden.

Der Katechismus folgt mit seinen sogenannten »Mysterien des Lebens Christi« dem liturgischen Kirchenjahr mit Advent, Weihnachten, Beschneidung, Epiphanie, Darstellung im Tempel und Flucht nach Ägypten. Er schildert eine vermeintliche Historie und übersieht, dass die Kindheitserzählungen nach Lukas und Matthäus späte Überlieferung sind, die als *Legendenfolge* zur Sprache zu bringen ist, will man ihre Theologie erfassen. Stattdessen spricht der Katechismus von »Berichten in den Evangelien« und fasst darunter auch »die jungfräuliche Empfängnis« und dass Maria »allzeit Jungfrau« geblieben sei – Wendungen, die im Rahmen ihrer Textgattung als Metaphern zu deuten wären. Aber weil dieses Verständnis abgelehnt wird, muss wenig später die entgegenstehende, diesmal durchaus biographische Notiz bei Mk 6,3 in ihrer realen Eindeutigkeit bestritten werden: die dort genannten Brüder Jesu – Jakobus, Joses, Judas und Simon – sowie seine nur namenlos erwähnten Schwestern dürfen nur noch Vettern und Kusinen sein. Wobei »Jakobus, der Bruder des Herrn« (Gal 1,19), sogar außerhalb des Neuen Testaments mehrfach bezeugt ist. Gewiss, angesichts einer Mariologie, die von einer Jungfräulichkeit vor, in und nach der Geburt spricht und diese fromme Spekulation in Kirchenfesten und manigfachen Formen der Volksfrömmigkeit feiert, sind Geschwister Jesu eine Katastrophe. Da übergeht man gerne, dass in der Antike von Jungfrauengeburt und göttlicher Sohnschaft ohne biologische Problematik gesprochen wurde. Hier wie an vielen anderen Stellen heizt der Gegensatz von Dogma und Geschichte den Verdunstungsprozess des Glaubens kräftig an.

Sehen wir weiter: Indem der Weltkatechismus die Kindheitslegenden dem »Erdenleben Christi« voranstellt, erscheint Jesus von Beginn an in mysteriösem Himmelsglanz. Statt an die authentische Lehre Jesu heranzuführen, werden »exegetisch haarsträubende Übergänge« (Verweyen) zwischen Reich Gottes und Kirche konstruiert. Dicht auf dicht folgen steile Gedankensprünge. Schon zu Beginn wird proklamiert: »Die Kirche ist das Ziel aller Dinge« (760) und nach einer Schrift des 2. Jahrhunderts, dem »Hirt des Hermas«, wird behauptet: »Die Welt wurde auf die Kirche hin erschaffen.« Die Ankunft des Reiches Gottes sei von alters her verheißen worden. »Um den Willen des Vaters zu erfüllen« habe »Christus das Reich der Himmel auf Erden begründet« und »gleich am Anfang seines öffentlichen Lebens ...

Männer, zwölf an der Zahl« ausgewählt, die »an seiner Autorität teilhaben«. Mit dieser Wahl und des »Petrus als ihrem Haupt« habe er die Kirche gegründet. (760 ff.) Zusammenfassend dann: Die Kirche stellt ›Keim und Anfang‹ des Reiches Gottes auf Erden dar«. Sie »ist das im Mysterium schon gegenwärtige Reich Christi«. (LG 3; 763)

Dass die lukanische Apostelgeschichte ebenso fern historischer Wirklichkeit gelesen wird, erscheint fast selbstverständlich. An Pfingsten »wird die heiligste Dreifaltigkeit voll und ganz geoffenbart. Seit diesem Tag steht das von Christus angekündigte Reich Gottes allen offen, die an ihn glauben …« (732) Es ficht den Katechismus nicht an, dass dieses Kirchenmodell der historischen Forschung rundum widerspricht. Die Unaufrichtigkeit, mit der hier mit kreuz und quer aus der Bibel gebrochenen Zitaten ein dogmatisches Konstrukt zusammengeleimt wird, macht die Lehre unglaubwürdig. So etwa wird Jesus von Anfang an als »Sohn Gottes« gefeiert, aber kein Wort davon, dass bei Lukas die Gegenüberstellung zu Augustus zählt, dem römischen Kaiser, der sich seinerseits als Retter, Herr und Sohn Gottes verehren ließ. Und kein Wort, wie der »Sohn Gottes« in der Geschichte Israels bei der Inthronisation des Königs verstanden wurde, nachdem dieser Titel bereits seit etwa 2870 v. Chr. in Ägypten bezeugt wird. Auch keine Unterscheidung zwischen Juden, die den ihnen vertrauten Titel streng monotheistisch verstanden, im Gegensatz zur griechisch-römischen Kultur, die viele Göttersöhne kannte. Mit solchen für das Glaubensverständnis wichtigen Kenntnissen und Unterscheidungen hält der Weltkatechismus sich nicht auf. Hier heißt es unvermittelt,

»dass der Sohn ›eines Wesens mit dem Vater‹, das heißt mit ihm ein einziger Gott ist.« (465). Auf diese Weise wird das Glaubenswissen jeder Geschichtlichkeit entzogen und dem nicht hinterfragbaren »Offenbarungshandeln Gottes« unterstellt.

Papst Johannes Paul II. nannte den Weltkatechismus »die reifste und vollendetste Frucht der Konzilslehre«. Aber was dieses Buch ausführt, ist viel zu kirchenverkapselt und in seiner Sprache für aufgeklärtes Empfinden schwer erträglich. Schon der inflationäre Gebrauch des Wortes Mysterium verliert seinen Sinn und wirkt eher mysteriös. Wenn Johannes Paul II. den Weltkatechismus »die Frucht einer sehr weit gespannten Zusammenarbeit …, im Geist gewissenhafter Offenheit und engagierten Eifers« nennt, kritische Zeitgenossen hingegen urteilen, hier werde es den Menschen keineswegs leichter gemacht, sich mit dem katholischen Glauben anzufreunden, so fragt sich, ob es überhaupt noch krassere Möglichkeiten gibt, sich bei gleichgerichteten Erwartungen zu verfehlen.

Unsere oben getroffene Unterscheidung zwischen der Wahrheit des Evangeliums Jesu und der Wahrheit der Glaubenslehre kann allerdings erklären, warum der Versuch, den Glauben der Kirche in einem neuen »Weltkatechismus« zu vermitteln, derart missglückt. Eine »Glaubensbehörde«, die mit institutionalisiertem Misstrauen unaufhörlich über den »wahren Glauben« wacht, isoliert sich selbst. Und im gleichen Maße, als neue Erkenntnisse und Einwände dem Leser vorenthalten werden, verspielt dieses Magisterium seine Glaubwürdigkeit. Zwar könnte die Kirche verlorenes Vertrauen zurückgewinnen, wenn sie frühere Fehleinschätzungen zugeben und korrigieren würde, statt mit immer gleichen Formeln notwendigen Abschieden auszuweichen, doch wäre dies bereits ein Sprung über den eigenen Schatten. Auch blockiert sie mit ihrem Beharren das Denken der von ihr Abhängigen. Theologen, die noch einen Lehrstuhl erreichen, oder jene, die ihr Lehramt und Ansehen nicht gefährden wollen, werden keine Themen anfassen, die der eigenen Karriere schaden. Diese permanente Selbstzensur lähmt. Sie verhindert ein innovatives Denken und die Lebendigkeit der Rede.

Der Weltkatechismus ist seinem Ziel, der Evangelisierung der Welt zu dienen, nicht gerecht geworden. Seine Lektüre irritiert den Glauben mehr, als dass sie ihn orientiert. Den Denkhorizont, in dem sich die Autoren bewegen, gibt es nur noch in geschlossenen Zirkeln. Eine Beschreibung des Glaubens, welche die anerkannten Ergebnisse der historisch-kritischen Forschung rundweg übergeht, nimmt ihre Leser nicht ernst. So lässt sich Theologie nicht mehr treiben und christlicher Glaube nicht länger vermitteln. Wer Lehrer des Glaubens sein will, muss im Rahmen der jeweiligen Fragestellung auch bereit sein, den aktuell vorliegenden Sachstand einzubeziehen und argumentativ zu erörtern, ohne ihn dem Einwand und Zweifel von vorneherein zu entziehen. Der Weltkatechismus der römischen Glaubensbehörde verrät angesichts des Standes heutiger Theologie kein sauberes Denken und zeigt, dass es in dieser Institution Vermögen und Freiheit für solche Vermittlung nicht gibt.

V

Unerkannter Austausch

In Kröpkes Garten mir gegenüber sitzt ein Gast bei einem halbgeleertem Glas Bier. Er ruft den Kellner, bezahlt und geht dann, um ein Gespräch zu führen, in die Telefonzelle. Der Kellner räumt sein Glas ab. An den Platz setzt sich ein neuer Gast, der gleichfalls ein Bier bestellt. Er scheint in Eile, denn er bricht auf, nachdem er hastig die Hälfte getrunken hat. Inzwischen hat der erste sein Gespräch beendet und kommt in den Garten zurück. Ich sehe ihn seinen Platz aufsuchen und behaglich die Neige leeren, dann geht er gemächlich fort.

Ich sah hier im Modell die blinde Zuversicht des Menschen, der einen Zustand fortlebt, nicht wissend, dass er sich inzwischen von Grund auf geändert hat. Das ist eine der großen menschlichen Lagen; ich sah mit den Augen des Wissenden ... Wie hier bei dem Glas Bier das Eigentum sich unsichtbar vertauscht, so wechseln vielleicht auch die metaphysischen Gehalte unseres Lebens; aber wir führen es mechanisch fort.

Ernst Jünger[16]

Nun ist es aber nicht so, dass nur die Sprache in ihrer Formelhaftigkeit erstarrt, auch die liturgische Praxis der Kirche hat sich aus ähnlichen Gründen verfangen. Nehmen wir als Beispiel die Feier der Eucharistie.

Das Konzil von Trient lehrte: Als Gedächtnis seines Todes und seiner Auferstehung stiftete Christus die Eucharistie und beauftragte seine Apostel, »die er damals als Priester des Neuen Bundes einsetzte« (DS 1740). Die biblischen Texte, wie sie über Jahrhunderte gelesen und verstanden wurden, legten diese Sicht auf das »letzte Abendmahl« nahe. Inzwischen fragen Exegeten jedoch, ob das von Paulus und den Synoptikern geschilderte »letzte Abendmahl« tatsächlich stattgefunden hat. Natürlich erwies sich rückblickend eine der vielen Tischgemeinschaften Jesu als die letzte, aber dass sich dieses letzte Mahl als »eucharistisches Vermächtnis« von den anderen Tischgemeinschaften Jesu abgehoben hat, um ein für die Nachwelt gültiges Kultritual zu werden, ist nicht anzunehmen. Was hier als Tradition überliefert wird, spiegelt die kultische Entwicklung nach Jesu Tod, gibt aber nicht die Situation zur Zeit Jesu wieder.

In der folgenden Kirchengeschichte gilt die nun Eucharistie genannte Mahlfeier als Ursprung und Mitte der Glaubensgemeinschaft. Zwar wird sie als Zeichen der Einheit gelehrt, »entartet jedoch angesichts der Milieu- und Klassenbindung der katholischen Kirche zur Illusion, weil bestimmte Bevölkerungsgruppen faktisch von der Teilnahme ausgeschlossen sind« (Friedhelm Hengsbach SJ[17]). Hinzu kommt der Ausschluss geächteter Gruppen wie der sogenannten »wiederverheiratet Geschiedenen«, denen gesagt wird, dass sie nach der geltenden Ordnung der Kirche nicht zu den Sakramenten zugelassen werden können, es sei denn, dass sie im Blick auf das persönliche Verhältnis zueinander wie Bruder und Schwester enthaltsam leben.

Mit dem zentralen Prüfstein des Reich-Gottes-Verständnisses Jesu, der offenen Tischgemeinschaft, kontrastiert die extrem patriarchalisch und hierarchisch bestimmte Verfassung der katholischen Kirche, die alle Entscheidungsmacht geweihten Amtsträgern vorbehält.

Die offene Tischgemeinschaft war das wirksamste Symbol dieser Reich-Gottes-Verkündigung Jesu. Aber schon bald nach seinem Tod fand in den Gemeinden der hellenistischen Städte eine spezifische Einschnürung und Umdeutung statt. Mit seiner Verknüpfung von Mahl und Tod nahm Paulus dem Mahl seine symbolische Anschaulichkeit. Die bildhafte Analogie, die zwischen der jesuanischen Tischgemeinschaft und seinem Reich-Gottes-Verständnis besteht – als Festmahl der Freiheit – verlor bei Paulus in einer nur noch gedanklichen Verknüpfung von Mahl und Kreuzestod ihre Stimmigkeit. Wort und Glaube sollen nun überbrücken, was an immanenter Symbolkraft fehlt.

Ganz anders gerichtet sind demgegenüber die palästinischen Eucharistie-Traditionen, wie sie Spruchquelle, Thomasevangelium, Didache und Justin bezeugen. Hier fehlt nicht nur die Bezugnahme auf Jesu Tod, auch einen »Einsetzungsbericht« sucht man vergeblich. Es gibt keine Anspielung auf das »letzte« Abendmahl als ein kultisches Vermächtnis Jesu. Dennoch ist es eine Eucharistiefeier, wie die dabei gesprochenen Gebete bekunden.

Bedenkt man, dass die sogenannten Einsetzungsworte der Abendmahlstexte für Jesus anachronistisch sind – sie wurden ihm aus anderen Denkhorizonten einer bereits kultisch gewordenen Praxis in den Mund gelegt –, legt es sich nahe, zum erreichbaren Ursprung zurückzukehren. Zwar sind auf absehbare Zeit die kirchlichen Denkgeleise dafür noch nicht offen und jede Abweichung der oberhirtlichen Ahndung ausgeliefert, doch irgendwann muss sich die Christenheit entscheiden, ob der im Glaubensbekenntnis ausgeklammerte historische Jesus Korrekturfunktion gegenüber seinen späteren Interpretationen haben darf.

Es ist unstrittig, dass Paulus in seiner Deutung des »Herrenmahls« eine Tradition übernahm, die bereits vor ihm in der Gemeinde von Korinth bestand. Gegenüber korinthischen Missverständnissen betont er, dass dieses Mahl eine »Gemeinschaft« des Leibes und Blutes des Christus stiftet, wodurch auch eine »leibhaftige« Einheit unter den Teilnehmenden entsteht. Vor allem soll die Mahlfeier den Tod Jesu verkünden, der für »unsere Sünden« gestorben ist. In dieser Heilsbedeutung seines Todes liegt für Paulus der eigentliche Wert des historischen Jesus. Was aber das *Leben* Jesu bestimmte, blendet er aus. Das »Loch« im Glaubensbekenntnis hat hier seinen Ansatz.

Wahrscheinlich gab das jüdische Festmahl dem schon früh liturgisch stilisierten Ritual seine erste Gestalt. Die folgenden Jahrhunderte dachten in platonischer Tradition, dass irdische Dinge Bild wie Wohnstätte des Göttlichen sein können. Das konkrete irdische Bild setze das göttliche Urbild gegenwärtig und gewähre Teilhabe an ihm. Aus dieser Urbild-Abbild-Idee entwickelte sich die für die Sakramentenlehre fundamentale Vorstellung des Realsymbols – hier im Sinne einer realen Gegenwart Jesu in der Eucharistie. Später kam die Vorstellung auf, die Einsetzungsworte wirkten konsekratorisch, durch ihre Zitation würde Irdisches in Göttliches verwandelt, die Gaben von Brot und Wein in Christi Fleisch und Blut. Diese Entwicklung erhob den »Zelebranten« über alle anderen Teilnehmer. Darüber verblasste das griechische Bilddenken. Die germanische Mentalität neigte mehr dazu, das sakramentale Geschehen zu verdinglichen und darin ein »von oben« geschenktes Gnadenmittel zu sehen. Seit der Karolingerzeit wird die Eucharistie vor allem als ein vom Priester dargebrachtes Sühneopfer verstanden, das reiche Gnaden vermittelt. Dieser Gnadengewinn führte zu täglichen Privatmessen des Klerus und einer Überfülle von Altären in Kloster- und Stiftskirchen. Im neunten und elften Jahrhundert wurde heftig darüber gestritten, wie die wirkliche Gegenwart Christi im Sakrament zu verstehen sei. Später resümierte das Konzil von Trient: »Durch die Weihe von Brot und Wein vollzieht sich die Wandlung der ganzen Brotsubstanz in die Substanz des Leibes Christi, unseres Herrn, und der ganzen Weinsubstanz in die Substanz seines Blutes. Und diese Wandlung ist von der katholischen Kirche zutreffend und im eigentlichen Sinne Wesensverwandlung *(transsubstantiatio)* genannt worden« (DS 1642). Seitdem hat sich das Verständnis von Substanz allerdings in sein Gegenteil verkehrt. Was Thomas von Aquin darunter verstand, war das innere Wesen einer Sache und nicht deren physikalisch-chemische Masse. Deswegen provoziert die damalige Begrifflichkeit heute nur Missverständnisse. Insgesamt geriet das Verständnis der Eucharistie als Mahl in den Hintergrund. Mit dem Fronleichnamsfest im 13. Jahrhundert wurde die weiße Hostie in der Monstranz zum eigentlichen Verehrungsobjekt. Das »Allerheiligste« wird seitdem zur Anbetung »ausgesetzt« (doppelte Kniebeuge) und in Prozessionen durch die Straßen von Stadt und Dorf getragen. In gotischen Kirchen entwickelte sich der Tabernakel zu kunstvollen Sakramentshäuschen. In der Volksfrömmigkeit »wohnt« darin »der liebe Heiland«.

Die Objektivierung der Brotformel *hoc est enim corpus meum* machte aus dem Priester einen Magier, der sich oftmals einer schon skrupulös zu nennenden Formelgenauigkeit unterwirft. Im alten *Missale Romanum* gibt es einen Abschnitt über Defekte bei der Zelebration der Messe, der sich wie das Dokument eines Zwangsneurotikers liest. Dort wird genau geregelt, wie Brot und Wein beschaffen sein müssen. »Ist es nicht reines Weizenbrot oder doch nicht hauptsächlich Weizenbrot, kommt das Sakrament nicht zustande. Wenn dem Wein zu viel Wasser beigemischt ist, kommt das Sakrament nicht zustande. Wenn nicht die genaue Brotformel benutzt wird, kommt das Sakrament nicht zustande. Wenn der Priester die Formel erweitert, kommt das Sakrament nicht zustande, aber er sündigt schwer. Alle Eventualitäten sind geregelt. Was ist, wenn während der Messe die Kirche geschändet wird oder Feinde einfallen? Was ist, wenn eine Mücke oder eine Spinne in den Kelch fällt? Was ist, wenn ein Priester die Elemente erbricht?« (Fulbert Steffensky[18]). Die älteren katholischen Christen erinnern sich noch ihrer Gewissenspanik, wenn sie versehentlich das alte Nüchternheitsgebot verletzten. Nach Mitternacht (Ortszeit) durften sie weder essen (keinen Krümel) noch trinken (keinen Tropfen). Es galt der korrekte Vollzug des Rituals; Inhalt und Sinn mussten nicht weiter verstanden werden.

Die mit dieser Ritualfrömmigkeit verbundene Ehrfurcht ging unter den Reformen des Zweiten Vatikanischen Konzils so gut wie verloren. »Sind nach der Selbstversorgung des (der) Zelebranten die Kommunionhelfer(innen) mit genügend Kelchen ausgestattet, eilt man (normalerweise vollzählig) aus den Bänken nach vorn, um ein Stück ›heiliges Brot‹ (Zitat aus nachkonziliarem Kommunionunterricht) überreicht zu bekommen« (Hansjürgen Verweyen[19]). Während bis zum Konzil der »Kommunionempfang« unter oft skrupulöser Gewissenserforschung und voraufgegangener Beichte stand, bei älteren Menschen mit sonntäglicher Kleidung verbunden, ist es nunmehr eine kollektive Routinesache, bei der *nicht* mitzumachen bereits Mut erfordert, statt routiniert »mit nach vorne zu laufen«.

Vor welche Aufgabe stellen die Trümmerstücke dieser Tradition? Entscheidende Grundbegriffe der bisherigen Eucharistietheologie – Sühnetod, Opfer, Transsubstantiation – werden von der heutigen Theologie mehr rhetorisch mitgeschleppt als tatsächlich neu erschlossen. Führt dieser Weg mit seinen befremdlich gewordenen Vorstellungen und Windungen überhaupt noch weiter?

Ehrlich und konsequent wäre es, bei den inzwischen gewonnenen Erkenntnissen anzuknüpfen. Also die Eucharistietheologie nicht dogmatisch von einem fiktiven »letztem Abendmahl« abzuleiten, das bereits einen »verkulteten« Jesus entwirft, sondern beim historischen Jesus und seiner Mahlpraxis im Symbol des Reich-Gottes-Programms anzusetzen. Dann ließe sich mit größerer Verständlichkeit sagen, dass die Feier seiner Botschaft den Willen Gottes in den Alltag dieser Welt einschreibt, dass sie sich dem Frieden und der Versöhnung der Menschen auf allen denkbaren Ebenen verpflichtet, der Zuwendung zu Schwachen, Fremden und Verfemten und sich beglaubigt in konkreter Hilfe und dem Einstehen gegen Ungerechtigkeit. Ein solcher Ansatz würde mehr Nachfolge Jesu und Gemeinschaft mit ihm realisieren, als dies von einer magisch gehandhabten Formel zu erwarten, die konsekratorisch zu sprechen nur noch auserwählten »geweihten« Männern zusteht.

VI

**Jesus starb, wie er lebte, wie er lehrte – nicht um die
Menschen zu erlösen, sondern um zu zeigen, wie man
zu leben hat.**

> Es ist schlechterdings ausgeschlossen, die in den Evange-
> lien dargestellten einschlägigen Begebenheiten als histo-
> risch so geschehen anzusehen. Das gilt, wie zu beachten
> ist, von allen Einzelheiten, angefangen von einem
> Abendmahl Jesu mit den Zwölfen … bis zum sogenann-
> ten Judaskuss. Dergleichen geht nur auf der Bühne von
> Oberammergau, nicht aber im wirklichen Leben.
>
> *Walter Simonis*[20]

> Wer dem Sühnedenken anhängt, der muss die Frage
> beantworten, wer und wie der Gott sei, der die Sühne
> verlangt und angenommen habe. Die Antwort liegt nahe,
> Gott der Vater sei erst durch den blutigen Opfertod Jesu
> mit der schuldbeladenen Menschheit versöhnt worden.
> Erst durch das grausame Leiden und Sterben sei er in
> seinem Zorn besänftigt worden, ein Gedanke, der ange-
> sichts der Gottesverkündigung Jesu vielen Menschen als
> absurd erscheint.
>
> *Herbert Vorgrimler*[21]

Die bisherigen Reflexionen nötigen dazu, die Schlüssel-
stellung des Paulus für die Entwicklung des Christentums genauer zu bedenken. Dabei bereitet sein Überge-
hen des Lebens Jesu und dessen Reich-Gottes-Botschaft
große Verlegenheit, denn das einzige historische
Faktum, auf das sich Paulus bezieht, ist der Kreuzestod

Jesu. Paulus will nur noch den Gekreuzigten kennen und verkünden, »der für unsere Sünden gestorben ist« (1 Kor 15,3) – und nimmt für diese Deutung seine visionäre Damaskus-Erfahrung in Anspruch: »Das Evangelium, das ich euch verkündigt habe ... habe ich ja nicht von einem Menschen übernommen oder gelernt, sondern durch die Offenbarung Jesu Christi empfangen« (Gal 1,12). Oder in der Übersetzung von Berger/Nord: »Das Evangelium, das ich euch verkündet habe, ist kein Menschenwerk. Ich habe es auch nicht von Menschen übernommen oder gelernt, sondern es wurde mir selbst geoffenbart, als ich Jesus Christus in einer Vision schaute.« Das theologische Gebäude, das Paulus auf diese Vision gründet, ist – rational betrachtet – schwach fundiert, als »übernatürliche« Offenbarung freilich der Kritik entzogen. (Auch den Auferstehungsglauben führt die heutige Exegese auf visionäre Erfahrungen zurück, aber welcher Systematiker fragt, auf welchem Boden damit das [vermeintliche] »Kernstück« des Christentums steht?)

Relativiert sich die Bedeutung der Christusvisionen des Paulus, wenn man sie im Kontext zu seinen Glaubensentwürfen wertet? Etwa wenn er sagt, dass »plötzlich, beim letzten Posaunenschall« die Toten auferstehen und »wir verwandelt werden« (1 Kor 15,51–55). Oder wenn er ebenso mythisch seine Hoffnung bekennt, »auf den Wolken in die Luft« entrückt zu werden, »dem Herrn entgegen« (1 Thess 4,17). Er erwartet, dass »wir alle vor dem Richterstuhl Christi erscheinen müssen« (2 Kor 5,10; Röm 14,10) und tröstet damit, dass die durch das Blut Christi Gerechtfertigten »vor dem kommenden Zorngericht« Rettung erfahren. Es wird deutlich, dass eine visionäre Erfahrung zeitbedingte Weltbilder nicht korrigieren kann, sondern in ihnen gefangen bleibt. Umso mehr fragt sich, welches Licht seine irrtümliche Naherwartung des Weltendes, die später notwendig gewordene Selbstkorrektur oder sein schwärmendes Verlangen, »aufzubrechen und bei Christus zu sein« (1 Kor 1,23) auf sein Christusbild wirft, indem der geschichtliche Jesus kaum wiederzufinden ist?

Erheblich mehr wiegt folgender Einwand: Paulus versteht den Tod Jesu als Sühnopfer, wenn er sagt, dass Christus »*für* die Menschen gestorben ist«. Er kann in solchen Zusammenhängen auch von »Loskauf«, »Erlösung« oder »Befreiung« sprechen oder erklären, »dass Christus als unser Paschalamm geopfert wurde« (1 Kor 5,7). Dabei bleibt zu bedenken, dass die Verknüpfung der Hinrichtung Jesu mit einem Opfertod im Rückgriff auf allgemein religiöse Traditionen geschah, wie sie seit Jahrtausenden in der Völkerwelt stattfanden. Etwas spezifisch Christliches ist dies nicht. Religionsgeschichtlich lässt sich die Deutung des Todes Jesu als ein von Gott gewolltes Sühnopfer nur als Rückschritt verstehen. Schon Jahrhunderte früher hatte die Entwicklung begonnen, blutige Tieropfer zu kritisieren, nachdem Menschenopfer vorweg aufgegeben worden waren. Der erste Schritt in dieser Richtung innerhalb der griechischen Welt ist von Empedokles (ca. 485–425 v. Chr.) bezeugt, einem gebildeten Sizilianer aus Agrigent. Ihn überboten die Propheten Israels. Seit dem 8. und 7. Jahrhundert vertraten sie die Meinung, dass Gemeinschaftstreue und Gotteserkenntnis wichtiger sind als alle Tierdarbringung (zum Beispiel Am 4,4; 5,22.24; Hos 8,13; Jes 1,11–15).

In der nachexilischen Zeit standen im frühen Judentum die Reinheitsgesetze und die Sonderstellung der Priester mit ihren strengen rituellen Geboten im Vordergrund. Doch haben Jesus als auch die Qumran-Gemeinschaft die prophetische Linie wieder aufgegriffen: »Wenn du deine Opfergabe zum Altar bringst und dir dabei einfällt, dass dein Bruder etwas gegen dich hat, so lass deine Gabe dort vor dem Altar liegen; geh und versöhne dich zuerst mit deinem Bruder, dann komm und opfere deine Gabe« (Mt 5,23 f.).

Gefragt sind Liebe und Barmherzigkeit: Die Seligpreisungen Jesu fassen das, worauf es ankommt, in erstaunlicher Dichte zusammen. Eine kultische Stellvertretung, wie sie sich in Tieropfern darstellt, liegt auf einer Ebene, die Jesus fremd ist. Was sich die Menschen in der Liebe schuldig bleiben, verlangt gegenseitige Vergebung – Feindesliebe nicht ausgenommen –, lässt sich aber nicht durch Sühnopfer löschen.

Zugleich belastet und verzerrt der Sühnopfergedanke das *Gottesbild*. Historisch gingen dem Tieropfer Menschenopfer voraus; sogar in der Zeit der davidischen Könige war Israel davon nicht frei. König Ahas von Juda (741–725) ließ »seinen Sohn durch das Feuer gehen und ahmte so die Gräuel der Völker nach« (2 Kön 16,3); ebenso tat König Manasse (696–642) in Jerusalem (2 Kön 21,6). Zwar wurde das Kindesopfer mehrfach streng verboten (Lev 18,21; 20,2–4), aber noch König Joschija (639–609) musste die den Kindesopfern dienende Kultstätte im Hinnomtal unrein machen, »damit niemand mehr seinen Sohn oder seine Tochter für den Moloch durch das Feuer gehen ließ« (2 Kön 23,10), was auch Jeremia verurteilte (Jer 32,35).

In der Erzählung von der Tochter des Richters Jiftach (Ri 11,29–40), einem »text of terror«, korrespondiert das Geschehen mit den griechischen Dramen von Aischylos und Euripides: Die Tochter des Jiftach hat in der Bibel keinen Namen. Sie ist das einzige Kind eines jüdischen Heerführers, der Gott um Kriegsglück bittet. Jiftach gelobt, das erste, was ihm bei der Heimkehr entgegen springt, zum Dank für den Sieg zu opfern. Niemand zwingt ihn zu dem Versprechen. Er will Gott an sich binden, statt dem Geist Gottes, der »auf ihn« gekommen war, zu vertrauen. Der Vater liebt sein einziges Kind, aber glaubt sich vor Gott verpflichtet, dieses Kind als Opfer töten zu müssen. Er sieht dies als Unglück an, doch hat er kein Wort des Bedauerns für seine Tochter, sondern klagt allein über das Unglück, welches das Mädchen über ihn bringt. Die Tochter hingegen ermutigt den Jammernden noch, sein Versprechen zu halten.

Auch Agamemnon sprach wie Jiftach: »Wo ich Mitleid fühlen darf, da fühle ich Mitleid: denn ich liebe meine Kinder, ich wäre sonst ein Rasender. Mit schwerem Herzen, o Gemahlin, führe ich das Schreckliche aus, aber ich muss. Troja wird nicht erobert, wenn ich nicht opfere!« Und Iphigenie richtet sich auf und sagt: »Ich habe beschlossen zu sterben, ich verbanne jede niedrige Regung aus meiner Brust und will es vollenden. Auf mir ruht jetzt jedes Auge des herrlichen Griechenland, die Fahrt der Flotte und der Fall Trojas. Alles dies werde ich mit meinem Tode schirmen.« Als dann der Altar errichtet war, sprach sie: »Vor der Götter Altar übergebe ich mein Leben, wenn es der Götterspruch denn so verlangt. Mutig und still will ich den Nacken dem Opferstahl bieten!«

Hintergrund solcher Opferpraktiken ist der Gedanke, dass es Verhältnisse gibt, die nur ein blutiges Opfer wenden oder sühnen kann. Das menschliche oder tierische Opfer soll die Gottheit versöhnen oder bewegen, ein Schicksal zu wenden. Offensichtlich aber kann die Gottheit ohne blutiges Opfer dazu nicht bewogen werden, ist also aus eigener Großmut nicht in der Lage, Güte zu zeigen und Ausgleich zu schaffen. Sie scheint in ein Denkschema eingebunden zu sein, nachdem bestimmte Verschuldungen des Menschen todeswürdig sind und endgültige Verstoßung verdienen, es sei denn, dass sie durch Tötung eines besonderen Opfers ausgeglichen werden.

Während die Opferpriester – die biblischen wie die heidnischen – den Menschen Versöhnung mit der Gottheit durch ein stellvertretendes Tieropfer anboten, verlangten Israels Propheten, die eigenen Beziehungen zu den Mitmenschen und zu Gott zu läutern. In diesem Verständnis sucht Gott keine Satisfaktion, sondern Menschen mit wachen Herzen, die sich anderer annehmen und darin sich selbst angenommen wissen. Wer von gottgewollten Opfern spricht, spricht zugleich von einem Gottesbild, das die prophetische Tradition Israels bereits überwunden hat.

So naheliegend diese Sichtweise ist, so schwer arbeitet sich die Theologie gerade erst zu diesem Denken hin. Doch bereits für Adolf von Harnack (1851–1930) bedurfte es keiner Befreiung von Sündenschuld durch Kreuz und Auferstehung Jesu. Er hielt Karfreitag und Ostern auch nicht für eine Überbietung des Evangeliums Jesu: »Der Zöllner im Tempel, das Weib am Gotteskasten, der verlorene Sohn sind seine [Jesu] Paradigmen;

sie alle wissen nichts von einer ›Christologie‹, und doch hat der Zöllner die Demut gewonnen, der die Gerechtsprechung folgt. Wer daran dreht und deutelt, verwundet die Schlichtheit und Größe der Predigt Jesu an einer ihrer wichtigsten Stellen ... Diese Verkündigung ist einfacher, als die Kirchen es wahrhaben wollten, einfacher, aber darum auch universaler und ernster ... Jesus hat den Menschen die großen Fragen nahe gebracht, Gottes Gnade und Barmherzigkeit verheißen und eine Entscheidung verlangt ... Es ist keine Paradoxie und wiederum auch nicht Rationalismus, sondern der einfache Ausdruck des Tatbestands, wie er in den Evangelien vorliegt: Nicht der Sohn, sondern allein der Vater gehört in das Evangelium, wie es Jesus verkündigt hat, hinein.«[22]

Die Linie Jesu lässt sich weiterverfolgen: Im Gleichnis vom »verlorenen Sohn« oder »barmherzigen Vater« (Lk 15,11–32) spricht er mit keinem Wort von einer notwendigen Sühne, »was er doch hätte tun müssen, wenn die göttliche Vergebung nur um den Preis der Hingabe des geliebten Sohnes in den blutigen Tod zu haben gewesen wäre. Im Gleichnis erwartet der Vater den heimgekehrten Sohn mit offenen Armen. Die Voraussetzung der Versöhnung war die Einsicht des Sohnes, war sein Wille, heimzukehren – keinerlei Sühneleistung war notwendig« (Herbert Vorgrimler[23]). Der durch Jesu Lehre und Leben erschlossene Gott hat nichts mit »Opfertod« und Satisfaktion zu tun und weiß darum nichts von Sühne und Begnadigung. Im Gleichnis vom Pharisäer und Zöllner genügt die Bitte: »Gott sei mir Sünder gnädig«, um angenommen zu sein. Kein Beichtstuhl, keine Absolution, keine Gnadenvermittlung durch

Sakramente und Kirche, nichts was eine Priesterschaft exklusiv zu vermitteln hätte.

Diesen Teil der paulinischen Theologie mit neuen Augen anzuschauen, wird noch viel Mühe und Umkehr des Denkens bereiten. Die Erlösungslehre, das Priesterverständnis und die katholische Messopfertheologie hängen daran. Ohne wirkliche Neuansätze sind hier Korrekturen nicht denkbar. Aber wie soll das geschehen, solange eine Kirche sich in solchen dogmatischen Fragen für unfehlbar hält und das Interpretationsmonopol für sich beansprucht? Da aber renommierte Theologen bereits heute »vom Ende der klerikalen Weltkirche« schreiben und die amtliche Lehre auf ihre biblischen und spirituellen Grundimpulse hin überprüfen, kann »morgen« durchaus konkret werden, was innerhalb des Systems noch undenkbar erscheint .

Als Paulus den »anderen Weg« entdeckte, »wie man – unabhängig vom Gesetz – für Gott als gerecht annehmbar werden kann«, nämlich über den Glauben an Jesus Christus, der alle Unterschiede zwischen Juden und Nichtjuden löscht (Röm 3,29), eröffnete ihm dies die Perspektive, die Grenzen Israels ins Unermessliche zu erweitern, und dieser Gedanke, dass alle Völker eingeladen seien, sich dem Haus Israel anzuschließen, muss für ihn überwältigend gewesen sein. Damit fielen die Grenzen fort, die Israel von den Völkern getrennt hatten. Nicht länger mussten sich Nichtjuden beschneiden lassen, um mit den »Heiligen« am selben Tisch zu sitzen.

Im Römerbrief, einer zusammenfassenden Darstellung seiner Anschauungen, die Paulus »mein Evangelium« nennt, sind alle Anstrengungen darauf gerichtet, den Gott Israels mit Juden und Nichtjuden zu verbinden.

Paulus sagt darin, dass der Glaube an den Christus die einzige Bedingung für die Zugehörigkeit zur Gruppe derer sei, die gerettet werden. Ein wirklicher Gegensatz besteht demnach nicht mehr zwischen Juden und Nichtjuden, sondern zwischen »Sündern« und jenen, deren Gerechtsprechung aus dem Glauben an den gekreuzigten und auferstandenen Christus kommt.

Mit dieser Öffnung der jüdischen Religion für alle relativierte Paulus sämtliche ethnischen, sozialen und kulturellen Grenzen zwischen den Menschen. In ihm brach der im jüdischen Monotheismus angelegte Universalismus durch und schuf dem jungen Christentum freie Bahn in die Völkerwelt – und dies ist wohl der entscheidende Gedanke, der ihn auch mit dem universalen Gottesverständnis Jesu, über das noch zu sprechen ist, verbindet.

Festzuhalten bleibt: die Anfänge des Christentums waren heterogen. Das Evangelium Jesu wurde im palästinischen Bereich weitergegeben, während im hellenistischen Ausland der Christusmythos verkündet wurde. Als jedoch das palästinische Christentum unter den Nachwirkungen des Jüdisch-Römischen Kriegs unterging, konnten sich die hellenistischen Gemeindegründungen, deren Selbstverständnis Paulus geprägt hatte, insgesamt durchsetzen. Ohne Paulus »gäbe es keine Christenheit«, bemerkte Friedrich Nietzsche – um aber zugleich das Evangelium Jesu vom Evangelium des Paulus deutlich zu unterscheiden: Von Jesus sagte er: »Dieser ›frohe Botschafter‹ starb, wie er lebte, wie er lehrte – nicht um die Menschen zu erlösen, sondern um zu zeigen, wie man zu leben hat« (A 35). Nietzsche erfasste sehr genau, dass Jesus nicht einen Glauben,

sondern eine Lebensweise einforderte. Und dementspre-
chend urteilte er: »Es ist falsch bis zum Unsinn, wenn
man in einem ›Glauben‹, etwa im Glauben an die Erlösung durch Christus, das Abzeichen des Christen sieht:
bloß die christliche *Praktik*, ein Leben so wie der, der am
Kreuze starb, es *lebte*, ist christlich …« (A 39)

VII

Die Gottesbotschaft Jesu ist egalitär. Sie sprengt alle Trennungen und führt in die Völkerwelt.

> Die Parabel vom Samariter war ohne Zweifel schockierend für die Pharisäer, weil Jesus ihnen damit sagte: Wer dein Nächster ist, wird nicht durch deine Geburt bestimmt, durch deine Lebenslage, durch die Sprache, die du sprichst, sondern durch dich selbst. Du kannst diesen anderen Menschen annehmen, der kulturell außerhalb deiner Verpflichtungen steht, der dir sprachlich fremd ist und der, ob nun durch Vorsehung oder aus reinem Zufall, derjenige ist, der irgendwo auf deinem Weg im Gras liegt. Zu ihm kannst du die höchste Form der Bezüglichkeit herstellen ...
>
> *Ivan Illich*[24]

Jesus nennt als »Summe« seiner Lehre wie der gesamten biblischen Überlieferung die »Goldene Regel«: »Alles nun, was ihr wollt, dass es euch die Menschen tun, das sollt auch ihr ihnen tun; denn darin besteht das Gesetz und die Propheten« (Mt 7,12). Es ist aber keineswegs selbstverständlich, den Inhalt von »Gesetz und Propheten« in der Vielfalt aller kultischen, rechtlichen und sittlichen Regelungen auf ein einziges ethisches Prinzip zu konzentrieren: eine unerhörte Raffung, die alle Menschen als gleich nimmt und einem natürlichen Sittengesetz unterstellt, sodass das rechte Leben keinem Buch, auch nicht einer »Heiligen Schrift« entnommen werden muss, weil bereits Vernunft und Natur den Weg dazu weisen.

Schon im frühen Griechenland wie in anderen Kulturen und Religionen begegnen Varianten der Goldenen Regel. Konfutse: »Was du selbst nicht wünschst, das tue auch anderen nicht an. Dann wird es keinen Zorn gegen dich geben – weder im Staat noch in deiner Familie.« Das hinduistische Mahabaratha: »Man soll niemals einem anderen antun, was man für das eigene Selbst als verletzend betrachtet. Dies, im Kern, ist die Regel aller Rechtschaffenheit.« Im Palikanon sagt der Buddha: »Was für mich eine unliebe und unangenehme Sache ist, das ist auch für den anderen eine unliebe und unangenehme Sache.« Im Islam: »Keiner von euch zählt zu den Gläubigen, solange er nicht seinem Bruder wünscht, was er sich selber wünscht.« Es wäre jedoch zu kurz gedacht, Jesus unterschiedslos in solchen Humanismus einzubinden. Er konkretisiert die Goldene Regel durch sein Programm von der Herrschaft Gottes. Mit seiner Praxis der offenen Tischgemeinschaft, der provokanten Solidarität mit Bettlern, Kranken und aller Arten von Randständigen findet das egalitäre Denken eine beispiellose Zuspitzung.

Schaut man sich die Lehre Jesu näher an, so gilt größte Allgemeinheit. Von Juden oder Nichtjuden ist kaum die Rede; es geht generell um *Menschen*. Der Goldenen Regel vorauf fragt Jesus: »Oder gibt es unter euch einen Menschen, den sein Sohn um Brot bittet – wird er ihm etwa einen Stein geben?« (Mt 7,9). In allen seinen Gleichnissen handeln Menschen, nicht Juden, Griechen oder andere herausgehobene Spezies: Ein *Mensch* sät Samen auf seinen Acker, sät ein Senfkorn aus, findet einen Schatz im Acker, sucht ein verlorenes Schaf, bereitet ein großes Mahl …; ein *Mann* lädt zum Gastmahl, hatte zwei

Söhne, war reich, hatte einen Verwalter …; eine *Frau* mengt Sauerteig in drei Saton Mehl, sucht ihre Drachme; eine *Witwe* kam zu einem Richter … und so weiter. Und wenn es benennbare Gruppenvertreter sind wie Pharisäer und Zöllner, die zum Tempel gehen, so stehen sie doch für Menschen schlechthin.

Für den Erzähler und Weisheitslehrer Jesus ist Gott eingeschrieben in die Alltäglichkeit des menschlichen Lebens. »Er lässt seine Sonne aufgehen über die Bösen und über die Guten und lässt regnen über Gerechte und Ungerechte« (Mt 5,45). Auch hier uneingeschränkte Allgemeinheit. Überall gibt es Menschen, die der »Summe« aller Gebote folgen und aufrechte Mitmenschlichkeit leben, und solche, die sich diesem Anspruch verweigern. Auch wenn Jesus Jude war und zum eigenen Volk sprach, vertrat er doch ein Ethos, das Juden, Samariter und Heiden verbindet. »Das aber bedeutet, dass Israels privilegierte Stellung als auserwähltes Volk … ihre Heilsrelevanz verliert. Damit ist letztlich jedem Erwählungsglauben der Abschied gegeben … Der Weg der Jesusbewegung über die Grenzen des Judentums hinaus in die Völkerwelt erscheint in dieser Perspektive als konsequente Fortsetzung seines Ansatzes« (Paul Hoffmann[25]).

An anderer Stelle fasst Jesus sein Glaubensverständnis so zusammen: »Du sollst den Herrn, deinen Gott, lieben mit ganzem Herzen, mit ganzer Seele und mit allen deinen Gedanken. Das ist das wichtigste und erste Gebot. Ebenso wichtig ist das zweite: Du sollst deinen Nächsten lieben wie dich selbst. An diesen beiden Geboten hängt das ganze Gesetz samt den Propheten« (Mt 22,37–40).

Da ist die Geschichte vom barmherzigen Samariter (Lk 10,25–37). Auch sie überschreitet gängige Abgrenzungen, wie sie für alle antiken Kulturen bestanden. Zur Zeit Jesu mischten sich im Lande Juden, Römer, Syrer, Griechen – blieben aber dennoch Juden, Römer, Syrer, Griechen. Innerhalb des eigenen Volkes lebten Phärisäer, Saduzzäer, Essener, Samaritaner auf Distanz. Solch »klare Verhältnisse« gaben Sicherheit in dem, was zu tun und zu lassen war. Das Ethos begründet die moralischen Verhaltensweisen einer sozialen Ordnung, es stabilisiert sie und grenzt sie zugleich von anderen Gruppen ab.

Nun erzählt Jesus die Geschichte von dem Mann, der unter die Räuber gefallen ist. Die beiden Kleriker, von denen am ehesten Hilfe zu erwarten wäre, »gehen vorüber«. Umso erstaunlicher ist es, dass ausgerechnet ein Samariter sich hier engagiert und dabei jedes zumutbare Maß überschreitet. Aus der Sicht Jesu gibt es keine Kategorie, die im Voraus bestimmt, wer dem anderen der Nächste ist, weder Gesetz noch Brauchtum, weder Sprach-, Kultur- oder Volkszugehörigkeit.

Am besten glauben Priester und Levit zu wissen, was »der Wille Gottes« ist. Sie finden ihn in der Heiligen Schrift und im Tempelkult. Aber der Gedanke, in einem Straßengraben zwischen Jerusalem und Jericho Gottes Willen zu begegnen, hat sie nie berührt. Hingegen lag Jesus eine Eingrenzung Gottes auf die Orte der Religion fern.

Wie bei Amos, Micha, Jesaja findet sich der Gottesglaube Jesu in die Lebensumstände des Menschen eingebunden. Der Mitmensch wird zum »Ort Gottes«. Der darin liegende Anspruch übersteigt kulturelle oder religiöse Trennungen. Ein Glaube aber, der zu genau wissen will, was wahr und was falsch ist und das je Definierte gegen das Offene setzt, hat seinen »Gott« abgegrenzt, ihn vielleicht mit großen Attributen und Erhabenheit geschmückt, aber findet ihn darüber nicht mehr im Alltäglichen und Unvermuteten. Darum steht vor einem »Gott finden« nicht selten der Anspruch, den Gott der Kindheit, den des Katechismus oder der später studierten Dogmatik, den Gott der sakrosankten Tradition los zu lassen, um für etwas ganz anderes, das quer zur eigenen Planung und Interessenlage steht, frei zu werden. Dies gilt für jeden Menschen. Es gilt auch für die Institution Kirche, sofern sie sich auf *diesen* im Glaubensbekenntnis abwesenden Jesus bezieht. Sein Gleichnis ist die »antifundamentalistische Geschichte schlechthin« (Dorothee Sölle).

Wenn Rudolf Bultmann sagt: »Die Verkündigung Jesu gehört zu den Voraussetzungen der Theologie des Neues Testaments und ist nicht ein Teil dieser selbst«, begründen erst Paulus und die Christologie das Christentum. Dann wäre es folgerichtig, die Reich-Gottes-Programmatik Jesu für die Kirche als nicht-konstitutiv anzusehen. Wenn aber zur Begründung des christlichen Propriums wirklich der erlösende Sühnetod Christi und die Kirche als vermittelnde Heilsanstalt in Anspruch zu nehmen sind, dann bleibt auf der Strecke, »was für den geschichtlichen Jesus das Entscheidende war: Die provokative Botschaft vom Anbruch der Gottesherrschaft als Herrschaft der Güte« (Paul Hoffmann[26]).

Gott ist für Jesus der universale Schöpfergott. Gottesherrschaft lässt sich nur universal denken. Jesus meint alle: die Gesunden und die Kranken, die Armen und die Reichen, die Frauen und die Männer, die Etablierten und die Randständigen. Alle Menschen und alle Völker. Gottes unbedingtes Ja zu den Menschen fordert seitens der Menschen deren Ja füreinander. Die Verschränkung von Gottes- und Nächstenliebe ist eine Konsequenz dieses Denkens.

VIII

Theologie ist Anthropologie. »Gott« verstehen wir nur soweit, als wir uns selbst in der von uns begriffenen Welt verstehen.

Was heißt denn überhaupt, Geschichte oder gar Geschichte Gottes mit den Menschen, wenn Jahrmilliarden im Kosmos vergingen, ohne dass sich eine Spur Leben regte, wenn »Personalität« in den unendlichen Weiten des Universums womöglich nirgendwo sonst existiert? Und was bedeutet unsere Rede von einem »personalen« Gott, den wir in Entsprechung zu menschlichen Personen denken, angesichts der weitaus »ergiebigeren« und »umfassenderen« nicht-personalen oder über-personalen Strukturen im Kosmos?

Johannes Röser[27]

Plötzlich ist es nicht mehr Gott, der in den Betrieb von Leben und Sterben, Kommen und Gehen, Geschehen und Geschehenlassen eingreift. In der Autonomie der natürlichen Abläufe geschieht alles kraft unabänderlicher physikalischer, chemischer, biologischer Naturgesetze. Für die ungeheuere Glaubenskrise, die in der Folge Darwins ausgelost wurde, war weniger das erste Erschrecken über die Erkenntnis, dass Affe und Mensch gemeinsame Vorfahren haben, entscheidend, als vielmehr, dass es einen handelnd eingreifenden Gott, wie wir ihn uns gemäß biblischer Überlieferung »handgreiflich« vorstellen, so nicht gibt. Ja, der allmächtige Erhabene kann nichts tun gemäß einem Vorsehungsplan, weil nichts vorgesehen ist, was sich nicht autonom aus den Gesetzen von Selektion und Anpassung ergibt.

Johannes Röser[28]

Gott ist keine Ursache, er ist überhaupt keine Sache, er ist der Grund, aus dem heraus wir uns als Menschen sehen und vollziehen können.

Eugen Drewermann[29]

Die »provokante Botschaft vom Anbruch der Gottesherrschaft« wurde freilich von einem Menschen vermittelt, der in ein antik-mythisches Weltbild eingebunden war. Das Denken Jesu bestimmte der biblische Schöpfungsglaube. Jesus war überzeugt von Gottes fürsorglichem Handeln in dieser Welt: »Macht euch keine Sorgen und fragt nicht: Was sollen wir essen? Was sollen wir trinken? Was sollen wir anziehen? Euer himmlischer Vater weiß, dass ihr das alles braucht« (Mt 6,31 f.). Der »Vater im Himmel« erhält die Welt, alle Haare des Menschen hat er gezählt und kein Spatz fällt vom Himmel ohne seinen Willen (Mt 10,29 f.). Natürlich steht im Hintergrund dieses Denkens ein geozentrisches Weltbild, das Himmel und Erde verbindet.

Etwas ganz Neues geschieht, als an die Stelle der Botschaft von der Herrschaft Gottes eine kosmische Christologie tritt. Ein Paulusschüler formuliert: »In ihm [Christus] ist alles geschaffen, was im Himmel und auf Erden ist, das Sichtbare und das Unsichtbare ... er ist vor allem, und es besteht alles in ihm ...« (Kol 1,15 ff.). Teilhard de Chardin (1881–1955) machte als Ziel der Evolution den »Punkt Omega« aus, den er mit dem kosmischen Christus identifizierte. Der evangelische Dogmatiker Hans-Martin Barth nennt Christus gar den »wahren ›Evolutor‹«. Kein Glaubensbuch, keine Theologie hat bisher diesen Christusmythos in seiner Bindung an das geozentrische Denken zur Sprache gebracht. Mit dem Weltverständnis der heutigen Astrophysik ist der antike Christusmythos wohl nicht mehr zu verknüpfen.

Dass sich unsere kleine Erde um die Sonne dreht, dass unsere Sonne nur *eine* unter Milliarden Sonnen innerhalb der eigenen Galaxis ist, dass es Milliarden weitere Galaxien gibt, die sich über viele Milliarden Lichtjahre voneinander entfernen … ist in das dogmatische Denken nie konsequent einbezogen worden. Die christliche Schöpfungslehre fokussiert die kosmische Evolution auf den Menschen hin, was dem Erkenntnistand der Evolutionswissenschaften widerspricht. Dass es überhaupt zum *homo sapiens* kam, auf den sich die christliche »Heilsökonomie« beziehen soll, resultiert aus dem Zusammenspiel von Notwendigkeit und Zufall. Die Natur verfolgt weder Absichten noch Ziele. Natürlich kann man dieses Zusammenspiel einer göttlichen Intention unterstellen, aber Glaubwürdigkeit schaffen solch aufgesetzte Deutungen nicht.

Die christliche Anthropozentrik sieht das ganze Menschengeschlecht in »Adam« begründet, darum seien in dessen Sündenfall alle anderen erbsündlich einbezogen, doch die Menschwerdung Christi und dessen Kreuzesopfer bewirke unsere Erlösung. So heißt es über die Zeiten hin. Dass es aber schon Jahrhunderttausende früher den *homo erectus* und den *Neandertaler* gab, war dieser Tradition natürlich unbekannt. Für die Theologie ist »Adam« als *homo sapiens* der »erste« Mensch. Es ist zwar verständlich, dass eine antike Weltsicht erst später gewonnene Erkenntnisse nicht einbeziehen konnte, peinlich nur, wenn sich die in diesem Denken entfaltete Christologie nun nicht durchhalten lässt. Denn jetzt türmen sich Fragen und Einwände: Sind homo erectus und Neandertaler nicht ebenfalls in eine kosmisch beanspruchte »Heilsökonomie« einzubeziehen – obwohl der Erlöser doch ein homo sapiens war? Und wo in der Linie des homo sapiens soll der sogenannte Sündenfall, der ja »geschichtlich« verstanden werden will, angesiedelt sein? Bedurften die früher existierenden Menschengattungen demnach keiner Erlösung, wären also auch nicht dem Heil in Christus zu unterstellen? Und was könnten mögliche geistbegabte Lebewesen anderer Planeten mit Christus zu tun haben, sofern dieser »vor aller Schöpfung ist«, und alles »durch ihn und auf ihn hin geschaffen wurde«? (Kol 1,16 f.)

Die Deutung von Inkarnation, Kreuzestod und Auferstehung Christi als zentrales Erlösungsgeschehen bezieht sich auf biblische Traditionen von »Paradies« und »Sündenfall«, die als Mythen ihren Sinn haben, diesen aber sofort verlieren, sobald sie in ihrer dogmatischen Auslegung die Faktenebene einbeziehen. Dann werden aus den biblischen Erzählungen, die auf einem ganz anderen Niveau zur Sprache zu bringen sind, sich selbst karikierende Zerrbilder. Es lohnt nicht, diesen mythischen Elementen, soweit sie in ein dogmatisches Gedankengebäude aufgenommen werden, nachzugehen, weil angesichts der Evolutionsgeschichte solche Konstrukte in sich selbst einfallen.

Aber auch der »Abba« Jesu und sein Schöpfungsglaube, der davon bestimmt ist, dass die Welt »gut« sei, wird von einer Gottesgewissheit getragen, die für uns heute in Frage steht. Dazu trug mehr als jedes andere geschichtliche Ereignis die Auschwitz-Erfahrung bei. Von *Seinem* Volk, das sich als »Augapfel Gottes« einmal betrachtete, konnten sechs Millionen Juden serienmäßig ermordet werden, ohne dass sich göttliches Einschreiten – wenigstens durch menschliche Hilfe – ereignete.

Hinter den Räumen der Geschichte aber tun sich die Räume der Natur auf mit unablässigen Katastrophen, wie sie Erd- und Seebeben, Stürme und Überschwemmungen seit Menschengedenken verursachen und denen Hunderttausende wahllos zum Opfer gefallen sind und Jahr um Jahr weiterhin zum Opfer fallen. Solche Menschenkatastrophen lassen sich nicht christlich beklagen, ohne auch im überlieferten Verständnis als Gotteskatastrophen bedacht zu werden.

Doch diese Weltsensibilität sprengt jede normale Dogmatik. Die vorliegenden Katechismen und Traktate über die Schöpfung erscheinen nur solange stimmig, als sie in ihrem eigenen Rahmen angeschaut werden. Sobald sich aber das Wissen der heutigen anthropologischen Disziplinen darauf richtet, verlieren sie ihre Plausibilität. Und keine Dogmatik bedenkt die Entstehung des Kosmos und die Evolution des Lebens mit Konsequenzen für ihr eigenes System. Keine arbeitet den Erkenntnisgewinn der naturwissenschaftlichen Forschung auf und respektiert in ihrer Schöpfungslehre, Anthropologie und Christologie, dass die Evolution des Lebens eine auf Zufälligkeiten beruhende Geschichte ist, die auch anders hätte verlaufen können. Die Ermöglichungen, Verhinderungen und Veränderungen in der Evolution, ausgelöst durch Prozesse der Plattentektonik und des Klimas, sind nie der »Absicht« zu unterstellen, nach Millionen von Jahren den Menschen hervorzubringen. Wollten wir diese Vorgänge weiterhin mit dem konventionellen Gottesbild beantworten, so müsste dieser Gott sehr genau gewusst haben, welche Zufälle auf das Feinste abzustimmen waren, damit das Leben zum Menschen hinführte. Dann hingegen fragt sich bei unterstelltem anthropischem Prinzip, warum dieser Gott, der sich nach alter Lehre »um alles kümmert, von den geringsten Kleinigkeiten bis zu den großen weltgeschichtlichen Ereignissen« (Weltkatechismus, 303), das Leben – wie zu besichtigen ist – jedem Entsetzen preisgibt.

Zusätzlich stellt sich im Blick auf den Kosmos die Frage, welche Dauer angesichts der vierzehn Milliarden Jahre seit dem Urknall der erst ein paar hunderttausend Jahre existierende *homo sapiens* haben wird. Bereits nach wenigen tausend Jahren Schriftkultur besitzt er alle Voraussetzungen, Seinesgleichen atomar auszulöschen oder die Welt und sich selbst Schritt um Schritt genetisch zu ruinieren. Hier fallen Weltzeit und Lebenszeit »in einem Maße auseinander, dass die zeitlichen Aussichten der Menschheit auf Fortbestand und die mutmaßliche Fortdauer der Erde zueinander in ein absurdes Verhältnis geraten« (Ulrich H. J. Körtner).

Angesichts dieser Fragestellungen kommen die gängigen Gottesvorstellungen an ihre Grenzen. Die Verbindung von Quantenphysik und Allgemeiner Relativitätstheorie hat die Denkmöglichkeit einer Entstehung des Universums aus einer Vakuumfluktuation angestoßen, während die Stringtheorie die Vermutung stützt, dass »unser« Universum nur eines unter anderen sein könnte. Allein diese *Spekulation*, so offen sie bleiben muss, stellt die tradierte Schöpfungstheologie vor neue Herausforderungen. Noch weniger tröstlich und mit dem bisherigen Schöpfungsglauben unvereinbar sind die Zukunftsperspektiven, denen das Universum entgegengeht. Ob es sich nun endlos weiter ausdehnt und schließlich in einem Kältetod in fast absoluter Leere endet oder sich wieder zusammenzieht und zu einem Neubeginn kommt, je unbegreiflicher es wird, umso sinnloser kann es erscheinen. Allenfalls unser Bemühen, das Universum zu verstehen, gibt dem Menschen, wie Drewermann meint, »einen Hauch von tragischer Würde«.

Obgleich wir unsere Frage, ob die Schöpfung »gut« sei, mit Einlassungen beantworten mussten, die jeder schöpfungsfrohen Zustimmung widersprechen, so müssen und können wir wenigstens im Blick auf den Anspruch, den der Mensch an sich selbst stellt, und bei voranschreitender Kulturentwicklung sagen, dass kein Mensch mit einem anderen Menschen – und wohl auch nicht mit einem Tier – so umgehen darf, wie die Natur es jederzeit tut. Die Strategien der Natur eliminieren das Schwache und Kranke, aber dem Menschen kommt es um seiner eigenen Menschlichkeit willen zu, es zu schützen und zu pflegen.

Alles bisher Bedachte drängt zu weiteren Fragen: Wenn die Evolution nicht zielgerichtet ist, wenn die Entstehung des Menschen keiner »Absicht« entspringt, wenn die waltenden Naturgesetze kein Mitleid und Erbarmen kennen, wenn nicht nur im Pflanzen- und Tierreich Arten entstehen und vergehen, sondern auch menschliche Spezies auftreten und wieder untergehen; wenn der heutige Mensch angesichts weiterer Jahrmillionen neue Mutationen erfährt oder – wahrscheinlicher – sich selbst manipulativ neu erfindet, vielleicht auch den eigenen Garaus einleitet, welcher Ort kommt dann noch dem »Schöpfergott« zu, und welchen Sinn hat es, von ihm zu sprechen?

Gängige Dogmatiken, auch Schriften zum Thema »Schöpfung«, gehen vom biblischen Befund aus, berufen sich auf das dogmatische Zeugnis der Kirche(n), um dann im pauschalen Blick auf die empirischen Wissenschaften verträgliche Konvergenzen festzustellen zu können. Man hat den Eindruck, die Autoren solcher Werke wollen ihre Kenntnis der Evolutionswissenschaften nicht vertiefen, um sich ungestört weiter an Bibel und Dogma orientieren zu können. Nur Eugen Drewermann hat mit Entschiedenheit Kosmologie, Chemie, Biologie, Neurologie, Philosophie und Literatur befragt, um die vagen Formeln und metaphysischen Gedankengebäude der Theologie mit dem Wissen und Denken der Gegenwart zu konfrontieren. Aus der Summe dieser Inspektionen zieht er das Fazit:

»Das Bild, das wir bisher von der Evolution des Lebens gewonnen haben, ist für die traditionelle Theologie ohne jeden Zweifel desolat. Es ist ja nicht nur, dass die großen Entwicklungsschritte sich außerhalb jeglichen ›Plans‹ und jeglicher ›Zielvorgaben‹ gestaltet haben, es ist vor allem die Einrichtung der Natur selbst, es ist ihre ganze ›Machart‹, die mit der Idee eines gütigen, weisen und fürsorglichen Gottes unvereinbar ist. Den Gott der überkommenen ›Schöpfungstheologie‹ zur Erklärung der Lebensprozesse *braucht* es nicht zu geben – er ist absolut überflüssig, ja, seine Vorstellung bereits irrig, weil irreführend an jeder beliebigen Stelle, die sich empirisch nachprüfen lässt, und, schlimmer noch, es *darf* ihn nicht geben, da ein Gott in Bewusstsein und Freiheit so nicht handeln dürfte, wie die Natur jederzeit mit ihren Kreaturen verfährt. Allein diese beiden Feststellungen wiegen schwer und lassen sich nicht mit den üblichen Sophismen aus der Welt schaffen.«[30]

Verzichten wir aber auf die »Arbeitshypothese Gott« zur Erklärung der Weltentstehung, dann entfallen auch die ständigen »Eingriffe« Gottes in die Geschichte, von denen die Theologie zu wissen meint. Dann gibt es keine Vorsehung, deren permanente Unzuverlässigkeit der Erklärung und Entschuldigung bedürfte, und es gibt – jedenfalls in dieser Hinsicht – kein Theodizeeproblem. Auch von Gebets»erhörungen« kann dann nicht länger die Rede sein. Die volksfrommen Gebete um besseres Wetter, gesegnete Ernten und menschliche Gesundheit werden – soweit möglich – gegenüber verantwortlichem Handeln zurücktreten. Im Rahmen der gängigen Glaubenstradition, der das kirchliche Personal durchweg untersteht, mag man aus dem hier Gesagten kurzschlüssig Atheismus herauslesen. Aber wenn etwas herauszulesen ist, so wäre es eine *theologia negativa*, die mit Dietrich Bonhoeffer sagt: »Einen Gott, den *es gibt*, gibt es nicht.« Gott gibt zur ursächlichen Erklärung des sonst Unbekannten nichts her. Er ist nicht mit dem identisch, was erforscht werden kann.

Das Wort »Gott« bezeichnet keinen Begriff zur Erklärung bestimmter Vorgänge in der Welt, er hat mit Erdbeben, Überschwemmungen, Seuchen, Krankheiten, Unfällen und dem Wettergeschehen nichts zu tun. Das Wort Gott steht vielmehr für eine ganz bestimmte Art, die Welt zu verstehen. Werden aber empirische Theorien der Welterklärung in die Symbolsprache des Mythos einbezogen, gerät die Theologie aus dem Lot und Gott wie die Welt werden missverstanden. Darum ist das Wort »Gott« in den Sachbereichen der Wissenschaften systemfremd und störend. Alles Reden von Gott *deutet* das menschliche Leben: Theologie ist Anthropologie. Religion ist Auslegung des menschlichen Daseins; zur rational-empirischen Erklärung der Weltwirklichkeit trägt sie nichts bei. »Genauer gesagt: Das Wort Gott dient nicht dem Erfassen der Wirklichkeit, sondern der Interpretation der menschlichen Existenz im Angesicht der Wirklichkeit. Gott ist ein religiöses *Symbol*, dessen Grund nicht in der Struktur des Seins, sondern in der Grundlosigkeit des menschlichen Daseins liegt, und die alles entscheidende Frage stellt sich von daher, welch eine Wahrheit und welche eine Wirklichkeit in dem *Symbol Gott* enthalten sein kann« (Eugen Drewermann[31]).

Gibt es Gründe, religiös zu sein, so liegen sie nicht in den objektiven Gegebenheiten der Welt. Sie unterstehen keinen wissenschaftlichen Erkenntnissen oder Beweisführungen. Da sie allein im Menschen liegen, müssen sie auch von ihm her entwickelt werden. Als Beispiel können die Zehn Gebote dienen, die eine lange Vorgeschichte haben. Sie wurden von Menschen erarbeitet, die überzeugt waren, dass es der Wille Gottes sei, das Lebensrecht eines jeden Menschen zu sichern. Was man als geboten und notwendig ansah, legte man Gott in den Mund. Nicht minder verkündeten die Propheten als »Wort Gottes«, was sie als absolut bindend verstanden. Im Grunde verfährt die Kirche auch heute so, bisweilen ohne sich zu fragen, ob der beanspruchte »Wille Gottes« frei von eigenen Interessen ist. Religion ist keine *Lehre* von Gott, keine Welterklärung aus göttlicher Perspektive, sondern der Versuch, sich als Mensch zu verstehen und sich vor dem Absoluten selbst zu bestimmen.

Die Naturwissenschaft kann die Wirklichkeit nicht ausmessen, auch die Religionen können es nicht. Die Wissenschaften erklären den Kosmos aus Ursachen, wobei sie alle Zusammenhänge streng mathematisch erfassen. Dagegen besteht die Aufgabe der Religion darin, *die Bedeutung der Welt für den Menschen* zu beschreiben, heute jedoch nicht unabhängig von dem, was wissenschaftlich erkennbar wird. Das »Göttliche« – um mit einem Wort alter Tradition zu sprechen – artikuliert letztlich den *Sinn*, in dem die Welt für den Menschen inneren Zusammenhang und Bedeutung erhält. »Gott« verstehen wir nur insofern, als wir uns selbst in der von uns begriffenen Welt verstehen.

IX

Das neuzeitliche Denken »kennt keine Fakten, die zwar in der Geschichte stehen, aber nicht aus der Geschichte stammen«.

Würden die Fundamentaltheologen auf die Frage eingehen, wie der Offenbarungsvorgang heute gesehen wird und auch weshalb man ihn heute anders sieht als in archaischer Zeit, müssten sie nicht einmal forschen. Sie müssten sich nur ins Bild setzen über die *Ergebnisse* der tiefenpsychologischen Forschung. Ferner müssten sie sich in den Verlauf der Bewusstseinsmutation vertiefen ...
Es wird sich die Einsicht durchsetzen, dass zum Fachwissen eines auf der Höhe der Zeit stehenden Theologen die Kenntnis der Tiefenpsychologie gehört, und zwar ihres theoretischen wie ihres hermeneutischen Zweigs.

Willy Obrist[32]

Ich hätte nie gedacht, dass man so etwas erleben könnte, dass eine immerwährende Seligkeit überhaupt möglich sei. Die Visionen und Erlebnisse waren vollkommen real; nichts war anempfunden, sondern alles war von letzter Objektivität.

C. G. Jung über eine Vision,
die er im Verlauf einer Krankheit hatte[33]

Wenn also »Gott« nicht in den Lauf der Welt eingreift, wenn er Naturgesetze nicht aufhebt und den Gang der Geschichte nicht steuert, wenn er weder aus Löwengruben noch Feueröfen rettet, weil er keine Hände hat, es sei denn unsere Hände – so sind es doch wir, die allem vergangenem Leid Erinnerung und Trauer bewahren müssen und kein Gebet missbrauchen als »den letzten und sichersten Schlupfwinkel vor der Verantwortung« (Gerhard Debus), vielmehr um darin unsere eigene Verantwortlichkeit aufzusuchen – mit letztverbindlichem Ernst.

Unter der üblichen Rede von Gott setzen – auch im Kirchenvolk – unterschiedliche Vorstellungen wie Abwehrreaktionen ein. Meister Eckhart sagt »Gottheit« und meint, der Unterschied zwischen Gott und Gottheit sei »größer als der zwischen Erde und Himmel«, Johannes Tauler wählt die Metapher »letzter Grund«, heute bevorzugen manche den Begriff »Erste Wirklichkeit«. Der Zen spricht von »Leerheit«, der Hinduismus vom »Brahman«. Bereits Albert Einstein sah zwischen den alten östlichen Weisheitslehren und den Ergebnissen der Astrophysik Korrespondenzen. Auch wenn das theologische Wissen in der Breite der Bevölkerung gering sein mag, der Zeithintergrund, eine globale Vernetzung, der allseits vorhandene evolutive Kenntnisstand lassen die traditionellen Glaubensformeln in ihrer Geltung nicht unberührt.

Das gilt auch für die Rede von Offenbarung. In älteren theologischen Büchern ist zu lesen, Offenbarung sei »die Mitteilung bisher unbekannter Wahrheiten oder Tatsachen, die auf Grund göttlicher Autorität im Akt verstandesmäßiger Zustimmung angenommen werden«. Eine Offenbarung, verstanden als »Mitteilung bisher unbekannter Wahrheiten oder Tatsachen«, will Erfahrung im Menschen begründen, die er nicht aus sich selbst heraus gewinnen kann. Dagegen kennt das neuzeitliche Denken »keine Tatsachen, die zwar in der Geschichte stehen, aber nicht aus der Geschichte stammen« (Ernst Troeltsch[34]). Eine Sonderstellung der biblischen Offenbarungsgeschichte ist nicht anzunehmen. Auch die Bibel untersteht dem historisch-kritischen Denken, und die Geschichte Israels wird nach den Kriterien einer allgemeinen Religionsgeschichte betrachtet. In dieser Gedankenspur, wendet der Fundamentaltheologe Jürgen Werbick ein, könne man »leicht auf den Gedanken kommen, Offenbarung sei nichts anderes als eine Legitimationskategorie, deren Verwendung schärfste Skepsis hervorrufen sollte«.

In welchem Horizont kann dann noch von einem »Handeln Gottes in der Geschichte« gesprochen werden? In der Gegenwart hat Eugen Drewermann das Offenbarungsverständnis neu zu bestimmen versucht, ohne in einen Supranaturalismus zu verfallen. Für ihn hat Gott »keine andere Sprache an uns als die Sprache der Seele in uns«. Ohne Verständnis für die Sprache der Seele, die sich in symbolischen Bildern artikuliert, wird darum die einzige Sprache verfehlt, in der Göttliches wirksam sich mitteilen kann. Doch kann der Mensch diese Sprache nicht verstehen, ohne darin zugleich sich selbst zu verstehen. »Die Vorstellung herrscht in der Theologie immer wieder, dass Gott in Christus die zu unserem ›Heil‹ notwendigen ›Wahrheiten‹ historisch vermittelt habe; dabei hat gerade die historisch-kritische Exegese gegen den entschiedenen Widerstand der Dogmatik eindeutig gezeigt, dass die Glaubensinhalte des Christentums nicht eigentlich Inhalt der Botschaft Jesu waren« (Eugen Drewermann[35]).

Offenbarung als übernatürliches Geschehen ist Drewermann fremd. In seinem Rückbezug auf das Symbol als Sprache der Seele kann er sich auf Paul Tillich berufen, der deutlicher als irgendeiner vor ihm das Symbol als »die einzige Sprache, in der sich Religion direkt ausdrücken kann« betonte. Dagegen lautet der Einwand von Jürgen Werbick, Offenbarung – christlich verstanden – erinnere an eine geschichtliche Ereignisfolge. Es genüge nicht, auf das »zutiefst zwiespältige« *innere* Wort zu hören; hinzukommen müsse das korrigierende *»von außen* auf die Menschen zukommende Wort«[36]. Dieser Einwand ist zwar verständlich, doch zeigt sich nicht, dass dieses Wort auch von außen als »Handeln Gottes in der Geschichte« belegt werden kann. Eher ist hier von *Religion als Hermeneutik* zu sprechen. Denn auch in der Geschichte Israels verknüpft sich Offenbarung stets mit *Interpretation*. Die biblischen Autoren bzw. Autorengruppen haben ihr Material im Gang der Religionsgeschichte sogar mehrfach gewendet und gegen den bisherigen Strich auslegt, um es entsprechend dem eigenen Bewusstseinswandel als göttlich bestätigt zu sehen. So geschehen von der prophetischen Jahwe-allein-Bewegung (ca. 8. Jh.) über die joschijanischen (639–609 v. Chr.) und deuteronomistischen Reformen (exilisch und nachexilisch) bis hin zu den neutestamentlichen Autoren, die der Jüdischen Bibel eine letzte, auf Jesus den Christus bezogene Deutung gaben, während das Judentum diese letzte Wendung nicht mehr mitvollzog.

Bei Werbicks Kollegen Hansjürgen Verweyen, ebenfalls Fundamentaltheologe, ist zu lesen: »Das gläubige Forschen nach dem inspirierten Sinn der Schriften, sofern es wirklich gründlich erfolgen soll, kann vom historisch-kritischen Zugang kaum mehr dispensiert, geschweige denn diesem als ein separates Unternehmen gegenübergestellt werden.«[37] Zwar lässt sich gegen dieses geschichtliche Denken das kirchliche Dogma setzen, doch solche Anstrengungen verfehlen alle inzwischen gewonnene Erkenntnis und führen in die Irre.

X

Wahrheit verlangt Wahrhaftigkeit

Ich nenne Lüge Etwas *nicht* sehn wollen, das man sieht,
Etwas nicht *so* sehn wollen, wie man es sieht ... Die
gewöhnlichste Lüge ist die, mit der man sich selbst
belügt; das Belügen Andrer ist relativ der Ausnahmefall.
– Nun ist dies *Nicht*-sehn-wollen, was man sieht, dies
Nicht-*so*-sehn-wollen, wie man es sieht, beinahe die erste
Bedingung, für Alle, die *Partei* sind in irgendwelchem
Sinne: der Parteimensch wird mit Notwendigkeit
Lügner.

Friedrich Nietzsche (A 55)

Priester und sonstige Angestellte des Kirchenapparates
dürfen ja heutzutage nicht ehrlich sein. Sie müssen so
tun, als glaubten sie jedes Wort des Glaubensbekenntnisses. Wenn ich unter Glauben etwas Lebenswichtiges,
Begeisterndes und Tragendes verstehe (nicht ein gleich-
gültiges oder verlegenes Nicht-Bestreiten), dann sind die
allermeisten Christen Häretiker, denn sie »glauben« (im
emphatischen Sinn) allenfalls an wenige ausgewählte
Segmente des Christentums. »Empfangen durch den
Heiligen Geist, geboren von der Jungfrau Maria ... hin-
abgestiegen in das Reich des Todes, am dritten Tage auf-
erstanden von den Toten, aufgefahren in den Himmel ...
von dort wird er kommen zu richten die Lebenden und
die Toten« – ist es nicht viel ehrlicher, diese uralten
Bekenntnisformeln postmodern als Mythen zu verstehen
und in spielerischem Respekt als Zitate früherer Glaubens zu lassen, als entweder im Kinderglauben zu ver-
harren oder vor ihnen zu verstummen oder sich zu
irgendeinem »modernen« Verständnis hinzuquälen (also
an ihnen so lange herumzuinterpretieren, bis sie in unser
blasses und fades Gegenwartschristentum passen) oder

gar fundamentalistisch vorzugeben, man glaubte sie im wörtlichen Sinne wie eh und je?

Hermann Kurzke[38]

Das Prädikat »christlich« ist lächerlich ... Nimm ein Bild: Wenn ein Mann daherkommt und die jämmerlichste Mähre von einem Pferd zieht: so ist nichts Lächerliches darin, dass er sagt, es sei ein Pferd. Wenn er dagegen mit einer Kuh kommt und sagt, es sei ein Pferd: so ist das lächerlich. Es hilft gar nichts, ob er auch willig ist einzuräumen, dass es ein mäßiges Pferd sei. Nein, nein, es ist eine Kuh.

Sören Kierkegaard[39]

Die Wahrheit wird euch frei machen. *(Joh 8,32)*

Der vielleicht wichtigste Grund für die Glaubenskrise ist der Machtwille zur Absicherung einer Weltansicht und die damit zu Tage tretende Unredlichkeit im Umgang mit der Lehre. Wir beschränken uns hier auf den Umgang mit der Bibel und den Umgang mit der eigenen Geschichte.

Die historisch-kritische Exegese hat die Bibel jenen Interpretationsregeln unterworfen, die für alle Literatur gelten. Das ist auch Bedingung dafür, mit der Bibel heute in Schulen und Hochschulen umgehen zu können. Wenn Fragen und Zweifel nicht zugelassen und methodisch handhabbar würden, bliebe der biblische Text einer vertretbaren Erschließung entzogen. Zwar kommt ein Text unter historisch-kritischer Befragung nur mit Teilaspekten seines Gehalts zur Sprache, aber ohne diesen Ansatz würde jede sonstige Auslegung nur zu »wilder Exegese« führen.

Der Weg der historisch-kritischen Forschung wird seit dem 17. Jahrhundert begleitet von Verleumdungen, Repression und Exkommunikation. Jede gewonnene Erkenntnis musste bis ins 20. Jahrhundert hinein gegen Abwehr und Verunglimpfung durchgesetzt werden. Man beschimpfte die Exegeten als »Zerstörer der Heiligen Schrift«, enthob sie ihrer kirchlichen Ämter, entzog ihnen den Lehrstuhl, indizierte ihre Bücher, gab ihnen Redeverbot und nahm ihnen ihr Ansehen in der Öffentlichkeit.

Während die protestantische Bibelexegese die grundlegende Forschungsarbeit leistete, stand die katholische Kirche in fortwährender Abwehr. Die Phase dieser Repression ist eine beschämende Leidensgeschichte. Am schwersten hatte es die katholische Exegese unter Pius X. (1903–1914). Nahezu alle Resultate der historischen Forschung wurden ausdrücklich verworfen. Die Autorschaft des Mose am Pentateuch wurde festgehalten, der biblischen Urgeschichte ihre mythische Prägung abgesprochen, die synoptische Zweiquellentheorie verurteilt u. a. m. Erst die Enzyklika Pius' XII. *Divino afflante Spiritu* von 1943 brachte eine Befreiung. Darin hieß es, man solle nicht meinen, »alles was neu ist, schon deshalb, weil es neu ist, bekämpfen und verdächtigen zu müssen«. Aber erst im Jahr 1964, während des Zweiten Vatikanischen Konzils, wurde die historisch-kritische Exegese endgültig anerkannt und damit der Leidensweg kritischer Forscher beendet.

Es verwundert nicht, bemerkt Hans Küng, dass sich »die fast totale Abwesenheit der katholischen Exegese« im Zweiten Vatikanischen Konzil (1962–1965) »schwer gerächt« hat. »Fast überall fehlt gerade in den Lehrdekreten … ein solides exegetisches und oft auch ein solides historisches Fundament.«[40] Bis zum Tag wirkt sich diese inakzeptable Schwäche aus. Der »Weltkatechismus« und dessen »Kompendium« legen – wie oben beschrieben – eine Dogmatik vor, die sich von keiner historischen Einsicht korrigieren lassen will, obwohl gegen die Geschichte kein Argument sticht. Auch die Jesus-Bücher von Joseph Ratzinger/Benedikt XVI. lassen sich in ihren exegetischen Urteilen von dogmatischen Interessen leiten, sodass weiterhin »grundlegende Prinzipien der historisch-kritischen Exegese außer Kraft gesetzt oder auf den Kopf gestellt« werden (Ulrich H. J. Körtner).

Dieser Umgang mit der Bibel resultiert aus einer verdrängten, dennoch im Tiefenbewusstsein eingenisteten Verunsicherung und Angst, das ganze dogmatische System würde stürzen, wenn die exegetische Forschung dessen biblische Fundierung untersucht. Die apologetische Grundstruktur dieser Angst siebt alles aus, was die traditionelle Lesart des katholischen Glaubens beirrt. Damit sind aber die Voraussetzungen für Wahrhaftigkeit bereits verfehlt.

Mit welch exegetisch haarsträubenden Setzungen das Neue Testament für Papsttum und Hierarchie beansprucht wird, haben wir bereits gesehen. Beispielsweise sagt das »Kompendium des Katechismus der katholischen Kirche« schlankweg: »Christus hat die kirchliche Hierarchie eingesetzt.« Und im kirchlichen Gesetzbuch CIC führen die Canones 330 bis 333 aus, »dass nach der Weisung des Herrn der hl. Petrus und die übrigen Apostel ein Kollegium bilden«; dass im Bischof von Rom »das vom Herrn einzig dem Petrus, dem Ersten der Apostel, übertragene und seinen Nachfolgern zu vermittelnde Amt fortdauert« und der Papst als Nachfolger Petri auch »Haupt des Bischofskollegiums« ist; dass ihm als »Stellvertreter Christi« die »höchste, volle, unmittelbare und universale ordentliche Gewalt« zukomme ... Der Althistoriker Norbert Brox stellt hingegen fest: »Was tatsächlich wurde, war nirgends zwingend vorentworfen. Hypothetisch sind auch andere Entwicklungen denkbar. Was aber geworden ist und sich im Laufe der Kirchengeschichte vielfach wieder geändert hat, kann folglich nicht als ›göttliche Einsetzung‹ mythischer Art beschrieben und bis auf Jesus oder die Apostel zurückdatiert werden ... Die altkirchliche Ordnung mit Verfassung und Ämtern stand nicht am Anfang, sondern war das Ergebnis einer Entwicklung.«[41]

Ähnlich der Historiker Klaus Schatz SJ: »Hätte man einen Christen um 100, 200 oder auch 300 gefragt, ob der Bischof von Rom Oberhaupt aller Christen ist, ob es einen obersten Bischof gibt, der über den anderen Bischöfen steht und in Fragen, die die ganze Kirche berühren, das letzte Wort hat, dann hätte er sicher mit Nein geantwortet.«[42] Die römischen Aussagen zur apostolischen Sukzession, zum Papsttum, zur hierarchischen Struktur setzen sich über die anfänglich heterogene Frühgeschichte der palästinischen Jesusbewegungen und hellenistischen Gemeindegründungen bedenkenlos hinweg. Sie behaupten einfach eine geradlinige Ämterableitung im Widerspruch zur vielfach bestätigten historischen Forschung. Genau so verfährt, sagt Rudolf Lill, »das jährlich in der Vatikanstadt erscheinende Päpstliche Jahrbuch, in dem es am Anfang seiner Papstliste über Petrus aussagt: ›Fürst der Apostel, welcher von Jesus Christus die höchste päpstliche Gewalt zur Weitergabe an seine Nachfolger erhielt ...‹« und urteilt: »Es werden also Fakten behauptet, die nicht beweisbar sind; und es wird eine Kirchenstruktur als ursprünglich vorgetäuscht, die erst das Ergebnis einer langen, teils späten Geschichte ist.«[43] Davon unbeeindruckt kann Joseph Ratzinger im Gespräch mit Vittorio Messori feststellen: »Die auf der apostolischen Sukzession gegründete Hierarchie ist unabdingbare Bedingung, um zur Kraft, zur Wirklichkeit des Sakramentes zu gelangen. Die Autorität hier ... gründet sich auf die Autorität Christi selbst.«[44] Sooft Ratzinger, auch als Benedikt XVI., diese Thematik aufgreift, unterstellt er, die päpstliche Autorität und Unfehlbarkeit sei aus der gesamten christlichen Tradition, zumal dem Willen Jesu abzuleiten. »Aber das ist falsch. Es gab die konziliare Gegenkonzeption, welche auf dem Konzil zu Konstanz (1414–1418) in den nie widerrufenen Dekreten »Haec sancta synodus« (1415) und »Frequens« (1417) definiert worden war ... Das heißt also, dass keine historisch aufweisbare Kontinuität, sondern ein Bruch vorhanden ist, der eine neue Kirchenverfassung eingeführt hat.« (Rudolf Lill[45])

Machen die römischen Ansprüche Unwahrhaftigkeit nicht schon in der Selbstbegründung ihres Systems greifbar? Missliebige Fakten einfach zu ignorieren, zu leugnen oder umzudeuten, diskreditiert. Der Zeitgenosse kennt Geschichtsklitterungen auf politischer Ebene, hat aber auch das Ende solcher Autokratien vor Augen. Der Dogmatismus der DDR und der Sowjet-Union fiel in sich zusammen, Diktaturen implodieren unter der Empörung ihrer Völker. Irgendwann wird es der katholischen Hierarchie auch so ergehen, wenngleich weniger durch Revolution als durch Abmeldung.

Es erscheint dem Zeitgenossen auch unredlich, sich auf die »Autorität Christi« zu stützen, mit ihr eine eigene, oft rigide Gesetzgebung und Moral zu begründen, aber den Menschenfreund Jesus und sein egalitäres Programm zu ignorieren. In ihrer Gesetzgebung schaltet die katholische Kirche allen menschlichen (das heißt auch demokratischen) Rechten immer ein »göttliches Recht« vor, das von keinem anderen Recht verletzt werden dürfe. Was hier von außen als mangelnde Rechtskultur gewertet werden kann, ist von innen besehen ein autonomes Rechtssystem, das sich die Definitionshoheit, was als göttliches Recht zu gelten hat, exklusiv vorbehält. »Was den einen ihre Scharia« spottet der Münchner Theologe Friedrich Wilhelm Graf, »ist den anderen ihr Kirchenrecht.«[46]

Dem kirchlichen Apparat liegt es fern, die Verfassung der Kirche und ihre gewordenen Ämter den neutestamentlichen Amtskriterien zu unterstellen. Dienst statt Herrschaft lautet die Forderung Jesu. Der Historiker weiß, dass die monarchischen Herrschafts- und Verwaltungsstrukturen in der Kirche sich einer Legitimation durch Jesus und der frühen Kirche entziehen. Sie verdanken sich dem Patriarchalismus der antiken Gesellschaft und den Herrschafts- und Verwaltungsstrukturen des Römischen Reiches. Wenn man diesen Gegebenheiten vielleicht auch nicht ganz ausweichen konnte, so können sie aber doch keine bleibende Verbindlichkeit in Anspruch nehmen. Es entbehrt jeder sachlichen Basis, »die Existenz einer vom Herrn selbst eingesetzten Hierarchie als Dienst an den Gläubigen« (Ratzinger) gegen die heutigen Forderungen des Kirchenvolkes nach mehr geschwisterlichen und demokratischen Kirchenstrukturen zu setzen. Die Weisung Mt 23,8–11: »Ihr alle seid Brüder – ihr sollt keinen Vater auf Erden nennen – einer ist euer Vater – einer euer Lehrer«, verbietet ein autoritäres Verständnis des kirchlichen Amtes. »Von daher ist eine hierarchische Kirchenstruktur grundsätzlich in Frage gestellt« (Paul Hoffmann[47]). Reinhold Schneider kommentierte: »Erst langsam versteht man, wie heidnisch das Papsttum seinem Wesen nach ist. Auf den Trümmern einer so gewaltigen Gestaltung, wie es das römische Imperium war, kann man nicht ungestraft bauen: wie man sich auch drehen und wenden mag: man wiederholt; und mit dem alten Stil beschwört man auch den alten Gehalt.«[48]

Schauen wir als weiteren Komplex die Unfehlbarkeit des Lehramtes an. Wenn der Papst eine theologische Vorstellung dogmatisiert, bleibt es mitunter nicht aus, dass sich ein späteres Denken dagegen wehrt. Da die einmal fixierte Formel aber nun »gültig« ist, braucht es erfindungsreiche Neuinterpretationen, um nicht einzuräumen, dass die Sache so wie sie gemeint war, unhaltbar wurde. Als Bonifaz VIII. in seiner Bulle »Unam sanctam« von 1302 die eigene Oberhoheit über die kaiserliche Herrschaft stellte, proklamierte er: »Dem Papst sich zu unterwerfen ist für alle Menschen unbedingt zum Heile notwendig, das erklären, behaupten, bestimmen (definimus) und verkünden Wir.« Die theologische Nachwelt war in der Folge damit beschäftigt, diese eklatante Überspitzung zu entschärfen und vergessen zu machen. Dogmatische Lehrbücher und theologische Lexika belegen eine Linie stetiger Abschwächung und späteren Verschweigens – ein Beispiel dafür, »wie inzwischen ›definierte‹ und für ›unfehlbar‹ gehaltene Sätze depotenziert werden können« (Arnold Angenendt[49]). Ähnliche Vorgänge lassen sich an den Mariendogmen der »unbefleckten Empfängnis« und der »leiblichen Aufnahme in den Himmel« verfolgen.

Das wohl deutlichste Beispiel für einen »flexiblen« Umgang mit dem definierten Dogma ist die theologische Interpretationskunst angesichts des Satzes »Außerhalb der Kirche kein Heil«. Das Konzil von Florenz definierte 1442 »mit kaum noch erträglicher Schärfe« (Otto Hermann Pesch), niemand, der nicht zur katholischen Kirche gehöre, könne dem höllischen Feuer entgehen, und hätte er selbst sein Blut für Christus vergossen (DS 1351).

Inzwischen ist dem kirchlichen Denken diese rigoristische Position problematisch geworden, aber da die Kirche definierte Dogmen für irrtumsfrei erklärt, ist sie außerstande, ihrer selbst bewirkten Gefangensetzung zu entkommen und die peinliche Definition aufzuheben. Was in solchen Fällen geschieht, hat sich schon oft bewährt: Man behält den Wortlaut bei, aber verändert den Sinn. Nun liest man so:

»Zu den Dingen, die die Kirche immer gepredigt hat und auch weiterhin lehren wird, gehört auch diese unfehlbare Erklärung, dass es außerhalb der Kirche kein Heil gibt. Dieser Lehrsatz ist jedoch in dem Sinn zu verstehen, den ihm die Kirche selbst gibt … In seinem unendlichen Erbarmen hat Gott gewollt, da es sich um Heilsmittel handelt, die die letzten Dinge des Menschen betreffen …, dass unter gewissen Umständen ihre Heilswirkung auch erlangt werden kann, wenn diese Mittel nur Gegenstand eines ›Wunsches‹ oder ›Verlangens‹ sind … Deshalb muss ein Mensch, wenn er sein allgemeines Heil erlangen will, nicht unbedingt ein erklärtes Mitglied der Kirche sein, er muss ihr jedoch zumindest durch Wunsch oder Verlangen zugehören. Es ist jedoch nicht immer notwendig, dass dieser Wunsch explizit zum Ausdruck kommt, wie bei den Katechumenen. Wenn ein Mensch in unabänderbarer Unwissenheit lebt, akzeptiert Gott auch den impliziten Wunsch, der so genannt ist, weil er ein Teil des positiven Strebens der Seele ist, ihren eigenen Willen nach dem Willen Gottes auszurichten« (DS 3866). Für das Konzil zu Florenz genügte es nicht einmal, sein Blut für Christus zu vergießen, um gerettet zu werden, nun soll bereits das »positive Streben der Seele« ausreichen, den Himmel zu öffnen.

Diese beliebig dehnbare Interpretation Pius' XII. von 1953 hilft, der starren alten Formel zu entkommen, Heilspessimismus gegen Heilsoptimismus auszutauschen und die Hölle im großen Stil zu entvölkern. Seitdem herrschen Rückzugsgefechte. Das Zweite Vatikanische Konzil eröffnete 1965 in seiner Konstitution *Lumen gentium* den Menschen aller Religionen den Weg zum Heil, wobei Juden und Muslime eigens genannt werden.

Der fundamentale Einwand gegen die Kirche besteht freilich weiter darin, dass sie sich einer jesuanischen Gründungsabsicht unterstellt, ihre hierarchische Struktur als »göttlich gegeben« behauptet, wie dies Joseph Ratzinger immer neu ausführt, sich aber in ihrer institutionellen Praxis dem Anspruch des Reich-Gottes-Programms Jesu entzieht.

Wenn es ihren Interessen entspricht, spielt es auch keine Rolle, ein eindeutiges Wort des »Herrn der Kirche« zu umgehen. In der Bergpredigt wird das Schwören untersagt: »Euer Ja sei ein Ja, euer Nein ein Nein; alles andere stammt vom Bösen« (Mt 5,33–37). Doch die kirchliche Praxis versteht den Eid als einen »Akt der Gottesverehrung«, jedermann zumutbar. Und so gibt es in der katholischen Hierarchie keinen Aufstieg, ohne von Stufe zu Stufe stets neue Eide zu schwören. Erst 1989 wurden zwei neue Treueeide von bestimmten kirchlichen Amtsträgern gefordert. Handelt es sich aber um Ehescheidung, wird mit Mt 19,6 gesagt: »Was Gott verbunden hat, soll der Mensch nicht trennen.« Hier behauptet die Kirche, einer göttlichen Bindung zu unterliegen, die kein Entgegenkommen einräumt. Die Kirche könnte natürlich fragen, ob dieser Satz nicht den Schutz der damals fast rechtlosen Frau verfolgte, denn Ehescheidung ging regulär vom Mann aus und vollzog sich nur zu Lasten der Frau. Sie könnte auch fragen, ob das Verbundensein durch Gott für eine Ehe gilt, deren Unauflöslichkeit nicht im Gesetz, sondern in der Liebe der Partner liegt und somit sich selbst Gesetz ist … Solche Überlegungen würden der Intention Jesu näher kommen. Aber Sexualität und Ehe zu verwalten, war der Kirche als Herrschaftsmittel stets wichtig. Sie praktiziert »das Gesetz« ohne einfühlendes Verständnis.

Als die Kirche unter Kaiser Konstantin staatlich anerkannt wurde, erfuhr sie ihre Hierarchisierung in einem vorher nicht zu ahnendem Ausmaß. Sie begann, sich nach dem Modell des Reiches umzugestalten. Dabei übernahm sie gerade jenen Kaiserkult, der bis dahin ihre entschiedene Verurteilung fand. Die Theologie entfaltete eine Christologie im Gegenüber zum Dominus Caesar als göttlichem Herrn. Darum interessiert jetzt fast nur noch seine Göttlichkeit, durchaus zweckdienlich gedacht, denn alles, was im Kontext der Herrschaft steht, erscheint hinfort in Heiligkeit getaucht: Bis zum Tag bezeichnet sich die römische Kurie als die »Heilige Hierarchie«. Das Kaiserbild wurde zum Maßstab des Kultbildes: der Imperator prägt das Bild des Pantokrators. Übermächtig schaut es bald aus den Apsiden prachtvoller Kirchen auf die Gemeinden herab. Bisherige Bescheidenheit wandelt sich in repräsentative Herrschaft. Auch der Kult entwickelt sich nach kaiserlichem Modell. Die Bischöfe partizipieren am Glanz des Kaisers, allen voran der Bischof von Rom, der erst jetzt den Ausbau seiner geistlichen und politischen Ansprüche aufnimmt.

Nicht zuletzt rückt das Gottesverständnis in die Perspektive von Herrschaft, unendlich fern jener Unmittelbarkeit und Vertrautheit, die Jesus mit der Anrede »Abba« verband. Von daher ist es eine gewissermaßen zwingende Entwicklung, dass die Glaubensbekenntnisse diesen Jesus vergessen und sein zentrales Engagement ignorieren. Solange die Fernwirkung dieser spätantiken Entwicklung immer noch andauert und keiner Selbsterforschung unterworfen wird, werden Bischöfe keine Hemmungen haben, mit Mitra und Stab aufzutreten, ihren Herrschaftsgestus damit zu verknüpfen und pontifikalen Byzantinismus zu praktizieren. Das alles ist für moderne Menschen zwar vorbei, auch wenn viele dergleichen goutieren, ähnlich wie königliches Zeremoniell weiterhin die Massen anzieht. Aber die moderne Welt ist hier nicht mehr zuhause. Sie verbindet mit solcher Repräsentanz auch keine Authentizität. Die beanspruchte »Wahrheit« solcher »Oberhirten« ist ihr egal, solange im System wie im Auftreten von Kirchenleuten die legitimierende Wahrhaftigkeit nicht erkennbar wird. Erst Wahrhaftigkeit macht Wahrheit zugänglich. Eine behauptete Wahrheit, auch eine apostolische Würde interessieren nicht, wenn die Übereinstimmung von Evangelium und persönlicher Existenz nicht überzeugt. Die katholische Kirche hat im Jahr 2010 weltweit unendlich viel Vertrauen und Glaubwürdigkeit verloren. Sie wird noch viel mehr verlieren, wenn sie sich nicht entschiedener um Wahrhaftigkeit bemüht, als dies in ihrer Geschichte der Fall war.

Den größten Glaubwürdigkeitsverlust erfährt die Kirche allerdings in Sachen Sexualität und Ehe. Autobiographische Bekundungen belegen seit Generationen, dass für zahllose Menschen die Abwendung vom Christentum hier begann. Längst unterliegt die zölibatäre Klerikerkirche in der Beurteilung menschlicher Sexualität einem massiven Realitätsverlust. Wenn man heute einschlägige Seiten aus älteren moraltheologischen Lehrbüchern vorliest – beispielsweise dem von Heribert Jone – dient dies der Erheiterung. Weiterhin wird Sexualität an die Intention gebunden, die Zeugung von Kindern zu ermöglichen. Homosexualität bleibt verurteilt. Ehescheidung ist illegitim. Wiederverheiratete sind von der Eucharistie ausgeschlossen. Aus eben solchen Gründen haben die Menschen das Vertrauen in beide Kirchen verloren, jedenfalls was deren moralische Kompetenz betrifft. Die evangelische Kirche hat sich hier nicht genügend distanziert.

Was das kirchliche Lehramt zur Praxis der Geburtenregelung oder zum Schutz vor Aids durch Kondome bisher gesagt hat, wird in der mittleren und jungen Generation nicht mehr ernst genommen. Hier ist der

Autoritätsverlust total geworden. Man unterstellt diese Fragen nicht länger kirchlicher Zuständigkeit. Über Jahrhunderte haben Kleriker Sexualität mehr als alle anderen Lebensbereiche mit der Todsünde verbunden, jugendliche Selbstbefriedigung ebenso wie eheliche Sexualität mit Gewissensnöten belastet, um schließlich nach 1968 kleinlaut zu verstummen. Dass die Masse der Katholiken nicht mehr beichten geht, bedeutet vor allem: Wir lassen uns nicht mehr sexuell gängeln. Aber niemand in der Hierarchie hat bis heute daran gedacht, sich bei den Menschen für die Sündenangst zu entschuldigen, die ihnen von Jugend an beigebracht wurde und die Ehen von Generationen belastet hat. (»Man könnte einen langen Katalog von Todsünden anführen, die im Lauf der Jahrhunderte wieder verschwunden sind angesichts wachsender Erkenntnis des Menschen und der Psychologie des wirklichen Lebens.«[50]) Vor der kirchlichen Eheschließung galt jede Form von Sexualität in der Paarbeziehung als schwere Sünde – als wenn eine Ehe plötzlich bei Null anfangen könnte. Und was die Scheidung betrifft, so ist sie im Leben von Menschen nicht deswegen vermeidbar, weil das kirchliche Gesetzbuch sie ausschließt. »Es ist an der Zeit, kirchlich redlich zu werden, zu akzeptieren, dass das, was im weltlichen Sinne eine Scheidung ist, ebenso eine Scheidung im sakralen Kontext des Sakramentalen, ein Erlöschen des Sakraments bedeutet, so weh das auch tut«, sagt Johannes Röser, Chefredakteur von »Christ in der Gegenwart«[51]. Der kirchliche Umgang mit den »wiederverheiratet Geschiedenen« ist von entsprechender Unredlichkeit belastet, sogar von regelrechter Unehrlichkeit, wenn nur formaljuristisch geurteilt und gehandelt wird. Darum verzichten heute auch immer mehr Menschen auf eine kirchliche Eheschließung, weil sie sich nicht länger einer kirchlichen Herrschaftsausübung unterstellen wollen. Sofern die katholische Kirche, nachdem sie sich in Sachen Sexualität und Ehe massiv genug verrannt hat, wieder glaubwürdig werden will, muss sie überdies vor allem ihrem eigenen Personal eine menschliche und sexuelle Reifung ermöglichen, selbst um den Preis einer Reform an Haupt und Gliedern, um (vielleicht) fähig zu werden, anderen Menschen in ihren Partnerschaftsbeziehungen helfen und Ehen in Krisenzeiten begleiten zu können. Aber die Kirche sollte zugleich eine demütige Konsequenz aus einigen hundert Jahren negativer Bilanz ziehen und auf jeden *juristischen* Anspruch verzichten, Ehen verwalten zu können und sie ihrer Gerichtsbarkeit zu unterstellen.

XI

Reformunwillig und reformunfähig?

Der kirchliche Reformprozess kann sich nicht mit kosmetischen Operationen begnügen. Will auch die römische Kirche ihrem Rekurs auf Jesus von Nazaret gerecht werden, sind einschneidende Reformen nötig: eine konsequente Dezentralisierung und Entmonopolisierung der Kirchenleitung (Subsidiaritätsprinzip), Aufbau der Kirche von unten nach oben, synodale Verfassungsstrukturen, die Trennung von Legislative und Exekutive, die Wahl (auf Zeit?) aller, die in der Ortsgemeinde bzw. in den gemeindlichen kirchlichen Ämtern Verantwortung übernehmen, unabhängige Schlichtungsstellen, die in Konflikten vermitteln, usw.

Wie in der Urkirche müssten Frauen und Männer in gleicher Verantwortung das kirchliche Leben mitgestalten können, mit der Konsequenz, dass auch Frauen zu kirchlichen Leitungs- und Lehrämtern sowie zum Presbyteramt zugelassen werden. Ebenso ist die volle Akzeptanz der Laientheologinnen und –theologen auf allen Ebenen und in allen Bereichen kirchlicher Arbeit zu fordern.

Der moderne Mensch, der für sich zu Recht die Freiheit von obrigkeitlichem Reglement und die Anerkennung seiner Mündigkeit in Anspruch nimmt, wird sich für sein Engagement in der Kirche, gleichgültig welcher Art, nur gewinnen lassen, wenn er in ihr auch seine Freiheit und Würde respektiert erfährt.

Paul Hoffmann[52]

Wie viel Utopie steckt in all dem, was hier gesagt wurde? Ist die katholische Kirche, selbst wenn sie wollte, überhaupt reformfähig?

Der Bonner Kirchenrechtler Norbert Lüdecke meint: »Die Amtskirche ist hinsichtlich ihrer sakrosankten Kernstrukturen nicht nur reformunwillig. Sie ist ihren eigenen dogmatischen Festlegungen gegenüber machtlos und insoweit nicht vorwerfbar reformunfähig.«[53]

Ähnlich forderte 1998 der Limburger Domkapitular und Kirchenrechtler Werner Böckenförde die Kirchen-VolksBewegung »Wir sind Kirche« auf, einen »unverstellten Blick auf harte rechtliche Realitäten« zu richten und »in der Rechtsgestalt der Kirche das Kirchenverständnis des Gesetzgebers zu erkennen«. Dieser Blick befreie von Illusionen, von beschönigenden, dem Wunschdenken entsprechenden Selbst- oder Fremdtäuschungen über einen in Wirklichkeit weniger positiven Sachverhalt: »Nichts gegen ›Kirchenträume‹, aber alles gegen ihre Verwechslung mit der Kirchenrealität.« Darum sollten Gläubige wachsam sein gegen die verschiedenen in der Kirche heute anzutreffenden Formen der Verharmlosung und Bagatellisierung. Böckenfördes Resümee: »In ihrer Rechtsgestalt präsentiert sich die Kirche als ein Ort sakral begründeter Herrschaft, in der christliche Freiheit zu Gehorsam wird.«[54]

Wie können dann kirchenbegeisterte Idealisten, die sich lebenslang für eine freies, menschenfreundliches Christentum in vielfältigen öffentlichen Engagements einsetzen, noch in einer Kirche wirken, die Glauben gegen »Glaubensgehorsam« setzt? Wird darin Jesus und sein Reich-Gottes-Programm nicht unter völlig fremden Strukturen begraben? Zum Beispiel von einer Christologie, die eine systemadäquate Herrschaftstheologie stützt, die befreiende Kraft der ursprünglichen Freudenbotschaft aber überdeckt? Und hat die katholische Kirche nicht seit dem Zweiten Vatikanischem Konzil erlebt, dass die römische Kurie sämtliche Reformaufbrüche erneut in den eigenen Zugriff zu bringen wusste, sodass heute mehr sterile Konservativität herrscht – und weitaus mehr Frust – als in den sechziger Jahren? Beispielsweise hat es Johannes Paul II. mit Hilfe von Joseph Höffner und Joseph Ratzinger verstanden, die junge und hoffnungsvolle Theologie der Befreiung mit ihren ermutigenden Basisgemeinden zu ersticken und deren Promotoren wie Helder Câmara, Paulo Evaristo Arns, Aloisio Lohrscheider ... gegen stockkonservative Amtsnachfolger auszutauschen, die sukzessive alles rückgängig machten, was einmal glaubwürdig begonnen wurde. Nach dem Urteil des Ratzinger-Biographen John L. Allen hat es »in großem Maße Joseph Ratzinger zu verantworten«, dass der lateinamerikanische Katholizismus in den neunziger Jahren seine Wirkung einbüßte.[55] Eben dieser »derzeit als Papst amtierende Joseph Ratzinger« (Arnold Angenendt) unternimmt es, der extrem fundamentalistischen Piusbruderschaft und dem von dämonischem Aberglauben durchsetzten Engelwerk (Opus Sanctorum Angelorum) mit wohlwollenden Vorleistungen entgegenzukommen, aber jede aus der Kirchenmitte kommende Reformbewegung außen vor zu lassen.

Unter Johannes Paul II. war eine Personalpolitik zu beobachten, die noch entschiedener als vordem Bischofsernennungen betrieb, die den konservativen Kurs der Kirche sichern sollte. In einem Interview von 1985 sagte Kardinal Ratzinger, Aufgabe der Bischöfe sei es, »die Stimme des einfachen Glaubens und seiner einfachen Ureinsichten zu verkörpern, die der Wissenschaft vorausliegen und da zu verschwinden drohen, wo die Wis-

senschaft sich absolut setzt«[56]. Ein Bischof der Volksfrömmigkeit, etwa des Marienkults, wird mehr geschätzt
als ein Bischof, der die Kindheitslegenden der Evangelien theologisch zur Sprache bringen kann. Bischöfe, die
das geistige Niveau ihrer Zeit mitbestimmen, sind bei
dieser Zielsetzung kaum noch zu erwarten, wie die
römische Personalpolitik immer wieder neu belegt. Mit
Ernennung der Bischöfe für Rotterdam und Roermond,
Adriaan Simonis und Jo Gijssen, wurde Anfang der sieb-
ziger Jahre der holländische Episkopat gespalten. In
Österreich setzte Johannes Paul II. eine extrem konser-
vative Personalpolitik fort mit Hans Hermann Groer als
Nachfolger des angesehenen Wiener Kardinals König
und mit Bischof Kurt Krenn in Sankt Pölten. Groer wie
Krenn mussten unter Skandal abtreten. Auch die Neu-
besetzungen in Feldkirch mit dem Opus-Dei-Bischof
Klaus Küng oder Georg Eder in Salzburg waren in
Österreich umstritten. Die Besetzung des Kölner Erzbi-
schöflichen Stuhls mit Joachim Meisner gegen den
Willen des Domkapitels empörte über 220 katholische
Theologinnen und Theologen, die mit ihrer »Kölner
Erklärung« von 1989 im Hinblick auf die römischen
Bischofsernennungen verlangten, die Kandidatenaus-
wahl habe die Vielgestaltigkeit der Kirche angemessen
zum Ausdruck zu bringen; der Ernennungsvorgang sei
keine private Wahl des Papstes. Außerdem ersticke der
römische Zentralismus die Kollegialität zwischen Papst
und Bischöfen als ein zentrales Ergebnis des Zweiten
Vatikanischen Konzils.

Rom hat dies alles ignoriert. Bis zur Stunde ist Bere-
chenbarkeit das entscheidende Auswahlkriterium für
Bischofskandidaten. Geistige Beweglichkeit, Einfalls-

reichtum und Kreativität machen für das Bischofsamt eher ungeeignet, weil solche Eigenschaften – da nicht kalkulierbar – für das System gefährlich sind. Der von den Nuntiaturen (gegen absolutes Schweigegebot) verwendete Kriterienkatalog zur Auswahl von Bischofskandidaten enthält Fragen, an denen sich die Geister scheiden, die aber eine zuverlässige Auswahl im römischen Sinne sichern. Wer irgendwann in seiner klerikalen Laufbahn einmal Vorbehalte gegen das Zölibatsgesetz und die Enzyklika »Humanae vitae« hat erkennen lassen oder laut über die Ordination von Frauen nachdachte, ist bereits aus dem Kreis möglicher Bischöfe ausgeschieden. Anders formuliert: intellektuell begabte und eigenständig denkende Männer sind für das römische System riskant. So sichert sich das System ab, bewegt sich aber immer deutlicher in einer Enge, die sich selbst alles bedeutet, dafür der Gesellschaft bald nichts mehr.

Ein Beispiel für diese Analyse lieferte der Erzbischof von Dublin und Primas von Irland, Kardinal Diarmuid Martin, als er im Frühjahr 2011 feststellte, dass die Kirche von Irland »in many ways had already reached ›the brink‹ of collapse«. Der einstmals starke irische Katholizismus müsse sich heute mit der Rolle einer Minderheitenkultur abfinden. In manchen Gemeinden besuchten nur noch zwei Prozent die Sonntagsmesse. In diesem Jahr gebe es in seiner eigenen Diözese keine einzige Priesterweihe und die kommenden Jahre ließen »only a tiny trickle« neuer Berufungen erwarten. In der politischen Debatte spiele die katholische Kirche eine immer mehr randständige Rolle. Die Krise der Kirche habe jedoch lange vor dem Missbrauchsskandal begonnen und gehe weit darüber hinaus. Der Katholizismus könne der Öffentlichkeit keine Intellektuellen und keine Führungspersönlichkeiten mehr anbieten. Seit Jahrzehnten sei es die Politik der Kirche gewesen, nur die »Show am Laufen zu halten«, ohne sich über langfristige Ziele im Klaren zu sein.

Das Bild mag von Land zu Land variieren, aber nirgendwo gibt es noch Verhältnisse, die nicht von einer fundamentalen Krise des Glaubens und des Kirchensystems bestimmt wären. Der Schwund an Zustimmung nimmt weiter zu. Für die zwei jüngsten Generationen gilt dies nahezu flächendeckend. Konnte man bisher der Ansicht sein, es handle sich um ein europäisches Krisenproblem, so zeigen sich ähnliche Vorgänge auch in Lateinamerika. Die vermeintliche Vitalität der jungen Kirchen außerhalb Europas ist trügerisch. Früher oder später werden sie dieselben Krisen wie die alte europäische Christenheit durchmachen. Sogar in den Vereinigten Staaten, deren Kirchlichkeit immer wieder gegenüber der Alten Welt hervorgehoben wird, fühlen sich größere Teile der jungen Generation vom Glauben nicht mehr angesprochen. Dabei sind die amtlichen Kirchenaustritte kein ausreichendes Indiz für die reale Situation; sie werden in vielen Staaten durch keine Zählung erfasst. Insgesamt darf man annehmen, dass neunzig Prozent der Getauften in gleichgültiger Distanz zur Kirche stehen. Deren Kinder oder Kindeskinder werden die ererbte, nur noch formelle Bindung aufgeben. Zeitverzögert wird diese Säkularisierung auch die anderen Religionen erreichen; zukünftig ist der Anteil der Religionslosen neben den (fiktiven) Mitgliederzahlen der Weltreligionen zu zählen. Mehrheitlich ist zum Beispiel São Paulo schon heute keine katholische Stadt mehr; die

Liste der ehemals katholischen Städte und Landschaften wächst, ohne dass jemand abwirbt.

Wohin verläuft die Entwicklung, wenn die Kirche darauf besteht, das *depositum fidei* (der vollständige Lehrgehalt der Kirche) sei unverändert zu bewahren, etwa so, wie es der Weltkatechismus versteht? Dann schwindet der Glaube unter der Hand, zersetzt sich, versickert, verdunstet. Die Hierarchie denkt: »Wenn die Strukturen der Kirche nicht die von Christus gewollten sind, dann versteht man auch nicht mehr die Existenz einer vom Herrn selbst eingesetzten Hierarchie als Dienst an den Gläubigen. Man lehnt die Vorstellung einer von Gott gewollten Autorität ab, einer Autorität also, die ihre Legitimierung in Gott hat und nicht – wie es in den politischen Strukturen geschieht – im Konsens der Mehrheit der Mitglieder einer Organisation ...« (Joseph Ratzinger). Dieser Amtskirche kommt es in ihren ungedeckten Selbstdeutungen aber nicht in den Sinn, die »vom Herrn eingesetzte Hierarchie« angesichts des vorliegenden exegetischen und historischen Materials neu zu bewerten. Sie erweist sich unfähig zu wirksamen Reformen, weil diese einen Systembruch darstellen würden. Doch ohne Systembruch gibt es kein Überleben. Natürlich kann die heutige Kirche noch hundert Jahre dahinsiechen, vielleicht auch zu einem kämpferischen Fundamentalismus degenerieren, aber ein lebendiges katholisches Christentum hat nur Zukunft, wenn es sich auf eine neue Grundlage stellt, die allen zweifelsfrei gegebenen Erkenntnissen Rechnung trägt und sich in diesem Sinne von ihrem Gründer und Grund her neu erfindet.

XII

Wege aus der Sackgasse

Wenn wir vom Gottesdienst reden, ergreift uns unterschwellig die Vorstellung eines abgegrenzten Raumes, nämlich des Gotteshauses sowie einer geheimnisvollen Liturgie. Einen Gottesdienst, der dem Willen Jesu Christi entspricht, gibt es jedoch nicht, ohne dass dieser sich in der Sympathie, Liebe und Gerechtigkeit gegenüber den anderen Menschen verkörpert.

Also findet der Gottesdienst nicht zuerst in einem Kirchengebäude statt, sondern in der Familie, in der Fabrik oder im Büro, in der Kommunikation mit anderen Menschen, mit denen wir zusammenleben. Folglich sind nicht die sakramentalen Symbolhandlungen die erste Liturgie. Und auch nicht das Kirchengebäude ist der erste Ort der Liturgie, sondern unser alltägliches Leben, das praktisch die Arbeit leistet, die biblische Botschaft in den Alltag unserer Zeit zu übersetzen.

Friedhelm Hengsbach SJ[57]

Was bleibt denn noch angesichts der Diagnose, dass wir einer »reformunwilligen« und »reformunfähigen« Kirche angehören? Zwingt dieser Befund nicht dazu, eine solche Kirche, die keine Hoffnung mehr rechtfertigt, stracks zu verlassen? Und kommen nicht hundert weitere Gründe aus dem sattsam bekannten Sündenregister – Religionszwang, Schwertmission, Inquisition, Kreuzzüge, Judenfeindschaft und Sexualfeindlichkeit – hinzu? Es fällt nicht schwer, handfeste Motive zu benennen, die katholische Kirche zu verlassen. Es gibt auch

Menschen, die nur aus der Körperschaftskirche ausgetreten sind, sich aber, wie erstmals Heinrich Böll formulierte, der Glaubensgemeinschaft weiterhin zugehörig fühlen.

Von 1990 bis 2009 haben in Deutschland 2 595 433 Menschen die katholische Kirche verlassen, im Skandaljahr 2010 etwa 180 000, fast vierzig Prozent mehr als ein Jahr zuvor und erstmals überstieg die Zahl der Katholiken die der Protestanten. Im gleichen Zeitraum (aber nur bis 2008 erfasst) sind über 3,8 Millionen Menschen aus der evangelischen Kirche ausgetreten. Die österreichische Statistik zählt 727 739 Katholiken, die von 1994 bis 2010 der katholischen Kirche den Rücken kehrten. Für die Schweiz liegt keine Gesamtstatistik vor. Manche gehen mit stillem Bedauern, aber aus tiefer Enttäuschung. Die meisten treten aus der Kirche aus, weil sie Glaubwürdigkeit und Sinn mit ihr nicht mehr verbinden. Die Austrittswelle sei inzwischen »tsunamigleich bis zum Kern vorgedrungen zu den Treuen und Engagierten«, kommentierte Matthias Drobinski in der Süddeutschen Zeitung. Aber Frust und Resignation führen auch nicht weiter, und im Blick auf Gesellschaft und Staat ist es eine Katastrophe, wenn das stetig größer werdende Sinnvakuum nur noch von der Betriebsamkeit des Lebens überdeckt wird. Es erscheint inzwischen denkbar, dass die kirchliche Hierarchie dem Christentum keine neuen Zugänge mehr bahnt und sich auch nicht bewegen lässt, das »Loch« im Glaubensbekenntnis so zu füllen, dass daraus neues Leben erblühen kann. Wenn es dennoch zu einer »Neuerfindung« des Christentums kommen soll, stützt sich die Hoffnung auf allein jene, die im Reich-Gottes-Programm Jesu ein weiterhin lohnendes Engagement für die Welt sehen und sich als Christen nicht über Amtsstrukturen definieren lassen.

Es ist nicht zu beschönigen, dass viele Begegnungen mit der Kirche enttäuschen. Die Messfeiern haben ihre theologische Stimmigkeit verloren. Die Predigten lassen sprachlich wie inhaltlich erheblich zu wünschen übrig. Von Kinder-, Jugend-, Familien-, Kranken- und Altenseelsorge ist angesichts der pastoralen Megaräume kaum noch zu reden. Und doch wollen wir nicht darauf verzichten, weiterhin in christlichen Gemeinschaften und Gemeinden zu leben, miteinander Gottesdienst zu feiern, Gläubigen und Nichtgläubigen das Evangelium Jesu zu erschließen und es mit Gläubigen wie Nichtgläubigen in heutige Verhältnisse zu übersetzen. Wir wollen nicht, dass unsere Kirchen zu Gräbern Gottes werden, sondern zu Orten der Besinnung und der Meditation. Wir meinen, dass sie auch Orte der Kultur sein dürfen, aber in Restaurants und Konzertsäle nicht umgewandelt werden sollen. Wir trauen uns zu, neue Wege zu gehen, wenn die Klerikerkirche personell an ihr Ende gelangt. Und da die Bischöfe offensichtlich schon gar nicht mehr realisieren, wie weit das theologische Denken vorauseilt, was die Gemeinden von ihnen erwarten, was noch mehr Menschen zu erwarten aus Enttäuschung aufgegeben haben ..., geht vieles an ihnen vorbei, was ein engagiertes Laienchristentum in seinen eigenen Freizonen und Reichweiten unternimmt.

Um wenigstens die wichtigsten Momente zu bedenken, wie Christen auf örtlicher Ebene neues Gemeindeleben verwirklichen können, sollen einige Möglichkeiten der Gemeindeleitung, der gottesdienstlichen Meditation, der Eucharistiegestaltung und einer theologischen Neudeutung skizziert werden.

1. Das Modell »Pfarrgemeinde« ist ablösbar. Über priesterlose Gemeinden

> Der offene Zusammenbruch der kirchlichen Seelsorge (vollzieht sich) nicht nur in westlichen Ländern. Die massenhafte Aufhebung und Zusammenlegung von Gemeinden verdrängt das Problem, denn entgegen einer jeden Sachlogik werden die Gemeinden für den Priestermangel in Haft genommen, statt den bestehenden Gemeinden vollgültige Gemeindeleiterinnen oder Gemeindeleiter zuzugestehen. Die Aufhebung des Zölibats und die Ordination von Frauen könnte allerdings nur eine erste Entlastung bieten. Zu leisten ist eine gründliche Neuordnung der Rechte, Pflichten und Vollmachten der Gemeinden.
>
> Aus allen genannten Gründen ist die traditionelle Unterscheidung zwischen Klerikern und Nicht-Klerikern zu überprüfen. Sakramental begründete Differenzierungen, gar Wesensunterschiede sind inakzeptabel ... Jedes Amt (ist) ungültig und geraubt, das sich nicht auf eine ausdrückliche Zustimmung durch die betroffene Gemeinde berufen kann. Dies gilt auch für die Ernennung von Pfarrern und Bischöfen ...
>
> *Hermann Häring*[58]

Derzeit versuchen die Bischöfe Europas, durch Zusammenlegung von Gemeinden ihren Priestermangel administrativ »aufzufangen«. Die Größe des Seelsorgeraumes wird der je verfügbaren Priesterzahl angepasst, das heißt, man laboriert mit provisorischen Versorgungskonzepten, die laufend umgeschrieben werden müssen. Unverändert bleibt lediglich das priesterzentrierte Kir-

chenbild. Doch der Pfarrer in den neuen Großgemein-
den hört auf, Seelsorger der Gläubigen zu sein. Er wird
zum Manager eines pastoralen Megaraumes, in dem sich
die Kirche vom alltäglichen Leben der Menschen entfernt. Pfarrhäuser stehen leer, Kirchen werden verkauft
oder umgewidmet. Eine nachgehende Seelsorge, die aus
der Nähe zu den Menschen gedeiht, kann der überfor-
derte Pastor nicht mehr leisten. Und doch verlangt Seelsorge die Begleitung in gesunden und in kranken Tagen,
das Gespräch mit Kindern und Heranwachsenden, mit
glücklichen und unglücklichen Menschen. Mit dem
Ende dieser Begleitung löst sich die Pfarrerschaft aus
ihrer Verwurzelung im Lande. Das forciert den Verfalls-
prozess der Gemeinden, und dies umso mehr und hefti-
ger, als die bestehende Abhängigkeit vom Klerus keine
eigenständige Laienkompetenz und Verantwortung entstehen lässt – was das Kirchenrecht bisher auch nicht
einräumt.

Will man dennoch die heutige Krise nicht als Erschöp-
fung und Abbruch hinnehmen, sondern als Chance zu
einem neuen Aufbruch wenden, liegen im derzeitigen
Mangel zugleich die Ansätze für eine vitalere Zukunft,
die nicht in einer Kirche sakramentaler Versorgung
besteht, sondern in Gemeinden, die das Schema Prieс-
ter-Laie hinter sich lassen und sich in bewusster Eigen-
verantwortlichkeit auf den Weg nach vorne machen.

Die Wahl besteht zunächst zwischen zwei Optionen:
Die erste, noch am vorhandenen Denken orientierte,
modifiziert das Konzept der bisherigen Priesterkirche.
Das kann zur Aufhebung der allgemeinen Zölibats-
pflicht führen – ohne damit den freiwilligen Zölibat
abschaffen zu müssen – und darüber hinaus zur Ordina-

tion von Männern, die anderen Berufen nachgehen, die aber von ihrem geistigen und spirituellen Format her fähig und bereit sind, die örtliche Gemeinde zu entwickeln. Dem Weg zur Frauenordination hat sich die Kirche im Pontifikat Johannes Pauls II. vorerst verschlossen, wobei ihr Argument, Jesus habe nur Männer berufen, ins Leere geht. Auf derselben Ebene lässt sich auch sagen, Jesus habe nur Juden oder Fischer berufen, und darum kämen nur Juden oder Fischer als Priester in Frage – einmal davon abgesehen, dass »die Zwölf« des Abendmahls fiktiv sind und Jesus überhaupt keine »Priester« berufen hat.

Im Januar 2011 wandte sich ein Kreis prominenter CDU-Politiker an die deutschen Bischöfe mit der Bitte, wegen der »besorgniserregenden Zunahme des Priestermangels ...«, die Zulassung von *viri probati* (bewährten, aber verheirateten Männern) zur Priesterweihe zu ihrem eigenen Anliegen zu machen und sich dafür in der Gemeinschaft der Bischöfe der Weltkirche und vor allem in Rom mit Nachdruck einzusetzen«. Bundestagspräsident Lammert warf in einem anschließenden Gespräch mit der Süddeutschen Zeitung dem Vatikan vor, er beschäftige sich »mit dem Problem in einer Weise, die diesem absolut nicht gerecht wird«. Weil offensichtlich die Kirchenoberen glaubten, das Problem »aussitzen« zu können, müssten nun die katholischen Laien die Sache selbst in die Hand nehmen. »Ich wünsche mir auch mehr Tapferkeit von deutschen Bischöfen in dieser Frage.«

Während die Deutsche Bischofskonferenz wie gewohnt problemscheu reagierte – erst »in den kommenden Jahren« werde es Gelegenheit geben zu einer »Meinungsbildung und Entscheidung auf gesamtkirchlicher Ebene« –, sprach Kurienkardinal Walter Brandmüller von einer »Kampagne«, welche die im Zölibat lebenden Priester und auch Jesus Christus, »den Sohn Gottes«, »beleidige«. Kardinal Karl Lehmann hingegen »schämte« sich für Brandmüllers Schelte – immerhin eine ungewohnte Bereitschaft, Differenzen zu benennen. Vorerst also Stillstand.

Die Debatte hat allerdings dazu geführt, sich eines Vorstoßes zu erinnern, den einundvierzig Jahre früher eine Gruppe von neun Theologen gewagt hat. Am 9. Februar 1970 wandten diese sich angesichts einer »notvollen Situation der Kirche ... in aller Ehrfurcht« an die deutschen Bischöfe und baten um eine Überprüfung der Zölibatsregelung, weil es »theologisch einfach nicht richtig« sei, »dass man in neuen geschichtlichen und gesellschaftlichen Situationen etwas nicht überprüfen« müsse. Zu den Unterzeichnern zählten auch Karl Lehmann, Walter Kasper – und Joseph Ratzinger. »Alle« Verfasser des Memorandums seien »davon überzeugt, dass eine Überprüfung [des Zölibatgesetzes] auf hoher und höchster kirchlicher Ebene angebracht, ja notwendig ist«, schrieben sie. Sie wünschten, die deutschen Bischöfe möchten dieses Anliegen dem Papst vortragen, »selbst wenn ein solcher Rat ungern gehört würde«. Ihr Argument: »Wenn schon ein einfacher Untergebener Recht und Pflicht hat, sich zu fragen, ob er den ihm Übergeordneten nicht in wichtigen Dingen ungefragt Bedenken und Warnungen vortragen könne und müsse, um wie vielmehr gilt dies auch für die Bischöfe in der katholischen Kirche, auch gegenüber dem Papst?« In der Sache führten sie aus: »Gerade die jungen Priester ...

fragen sich angesichts dieses akuter werdenden Priestermangels, wie diese Lebensprobleme der Kirche und ihres eigenen Amtes in einigen Jahren noch gemeistert werden können. Für sie genügt der ideale Blick nach rückwärts nicht.«

Ratzinger und Kollegen machten sich auch Sorgen um die Qualität des Priesternachwuchses: Wer seinem Bischof versichere, er habe mit dem Zölibat keine Schwierigkeiten, habe seine Eignung noch längst nicht bewiesen. Vielmehr hätten sie, die unterzeichneten Professoren, »sehr oft den Eindruck, dass die jetzige Regelung bei uns in einem nicht unerheblichen Ausmaß nicht bloß zu einer Schrumpfung der Zahl der Priesteramtskandidaten, sondern auch zu einer Senkung der Begabung« der noch zur Verfügung stehenden Priester führe. Wenn genügend Jungpriester nicht zu gewinnen seien, »dann hat die Kirche einfach die Pflicht, eine gewisse Modifizierung vorzunehmen«.[59]

Einundvierzig Jahre später stellten die deutschsprachigen Theologen in ihrem »Memorandum Freiheit« von 2011 fest: »Christliche Gemeinden sollen Orte sein, an denen Menschen geistliche und materielle Güter miteinander teilen. Aber gegenwärtig erodiert das gemeindliche Leben … Historische Identitäten und gewachsene soziale Netze werden aufgegeben. Priester werden ›verheizt‹ und brennen aus. Gläubige bleiben fern, wenn ihnen nicht zugetraut wird, Mitverantwortung zu übernehmen und sich in demokratischeren Strukturen an der Leitung ihrer Gemeinde zu beteiligen. Das kirchliche Amt muss dem Leben der Gemeinden dienen – nicht umgekehrt. Die Kirche braucht auch verheiratete Priester und Frauen im kirchlichen Amt.«

Nun können mit dem Konzept der *viri probati* vielleicht zölibatsbedingte Engpässe überwunden werden, aber die Unmündigkeit der Gemeinden bleibt bestehen. Wie Gemeinden zugeschnitten sind und auszusehen haben, wird von oben bestimmt. Die Basis hat nicht über sich selbst zu befinden. Und dass Frauen in die Gemeindeleitung gehören, darf nicht einmal diskutiert werden. Wollte man aus den Bedingungen einer längst problematisch gewordenen Struktur nur diesen Weg weiterdenken, bliebe alle Kreativität ausgesperrt.

Also ein zweiter Weg: Im französischen Bistum Poitiers wird auf das Potential der Laien gesetzt, auf ihre Ideen und Möglichkeiten, miteinander Kirche entwickeln zu können. *Nicht* der Priestermangel liefert die Begründung für den neuen Weg, sondern der Wille, Gemeinden auf Basis der Initiationssakramente Taufe und Firmung zu errichten. Das ist die Grundentscheidung.

Der Erzbischof von Poitiers, Albert Rouet, formuliert die Ausgangsposition so: »Hier wie überall haben Menschen ihre Kräfte verbraucht, um Priestern zu helfen und zu Diensten zu sein. Ihre ausdauernde und treue Beharrlichkeit hat niemandem Mut gemacht, deren Aufgabe zu übernehmen. Einen solchen Dienst mag man bewundern, aber er bringt keine Freiheit in der Kirche hervor.« Albert Rouet fragt: »Warum sollte es bei einer kirchlichen Funktionsweise bleiben, die unmöglich aufrechtzuerhalten ist? Trotz aller Mahnungen und Notfallmaßnahmen gelangt das Modell Pfarrei an die Grenzen seiner Möglichkeiten. Wenn man befürchtet, dass die Laien nicht zum pastoralen Handeln fähig sind, warum firmt man sie dann? Sollten sie Unmündige in der Kirche bleiben?«

Das Modell Pfarrgemeinde wird hier aufgegeben, d. h. die Gemeinde definiert sich nicht mehr vom Pfarrer her. Der Bischof beruft sich auch nicht auf den Kanon 517 § 2 des kirchlichen Gesetzbuches, nach dem Laien an der Verantwortung für die Pastoral beteiligt werden können. »Diese Erlaubnis führt in eine Sackgasse … Um die Strukturen von gestern beizubehalten, ist man zu allen Tricks bereit.«

Im Poitou sind für eine *örtliche Gemeinde* fünf Verantwortliche Bedingung. Diese leitende Equipe wird für drei Jahre gewählt, aber niemand darf länger als sechs Jahre im Amt bleiben. »Wenn man einen Posten zu sehr personalisiert, verwehrt man Leuten mit anderem Profil den Zugang.« Zur Aufgabe der Equipe gehört die Verantwortung für den (überwiegend priesterlosen) Gottesdienst, die Sorge für Alte, Kranke und Hilfsbedürftige; die Katechese für Kinder, Jugendliche und Erwachsene; alles, was eine lebendige Gemeinde konstituiert …, bis zur Gestaltung von Begräbnisfeiern. Keineswegs sollen jedoch die fünf Verantwortlichen das alles selbst tun; sie können andere Menschen, die dazu geeignet sind, dafür suchen. Die örtliche Gemeinde ist auch nicht an die Umschreibung der bisherigen Pfarrgemeinden gebunden. Sie kann kleiner wie größer sein. »Die neuen Gemeinden werden nicht gebildet, um fehlende Priester zu ersetzen, sondern um alle in die Verantwortung einzubinden. … Der Priester steht nicht mehr im Zentrum dessen, was möglich ist, sondern der Gemeinde gegenüber als derjenige, der bestärkt (zuweilen auch tröstet) und unterstützt, der Grundlagen schafft und bei der Unterscheidung der Geister hilft.«

In zwölf Jahren pastoraler Arbeit sind im Erzbistum Poitiers mehr als dreihundert örtliche Gemeinden neu entstanden. »Das Empfinden von Schwäche und Schwund, das bis dahin geherrscht hat, nimmt ab. Spürbar lebt die Hoffnung auf. Die Menschen wandeln sich durch die Ausübung ihrer Aufgaben.«

Der hier gegangene Weg verlangt nicht nach *viri probati*, weder nach Diakonen noch studierten Laientheologen, die den Pfarrer ersetzen sollen. Das Experiment Poitiers regt an, das bisherige Denkgleis zu verlassen, um für neue Vorstellungen und kühne Lösungen offen zu werden.

»Daher muss man zulassen«, erklärt Erzbischof Rouet, »dass die Festlegung des Gebiets einer Gemeinde nicht einfach auf dem Verwaltungsweg erfolgt, sondern sich aus der Geschichte einer betroffenen Bevölkerung ergibt, die gerufen ist, sich durch eigene Gremien an der Festlegung zu beteiligen ... Worauf es grundlegend ankommt, ist der Übergang vom Helfen zur Übernahme von Verantwortung.« Das bedeutet zugleich: Bischof und Pfarrer verzichten darauf, kraft Amtes zu bestimmen, wo es lang geht.

»Man muss nicht mehr auf bessere Zeiten warten, sondern man kann das christliche Leben an einem bestimmten Ort selbst in die Hand nehmen.« Wenn der Priester für die örtlichen Gemeinden nur noch bedingt verfügbar ist, kommt es zu Entscheidungen, die den stets als unverzichtbar gesetzten deutschen Ausgangsbedingungen entgegenstehen: Im Erzbistum Poitiers wird in jeder örtlichen Gemeinde jeden Sonntag Gottesdienst gefeiert. Die Dorfkirche bleibt nicht geschlossen mit dem Hinweis, die nächste heilige Messe finde zehn Kilometer entfernt statt. »Wir haben in der Basisequipe [dem örtlichen Gemeindeteam] lange diskutiert und kamen zu dem Ergebnis, dass wir mit unseren sonntäglichen Versammlungen zum Gebet ein sichtbares Zeichen für unsere Gemeinden darstellten ... Manche wären sicher lieber zur Eucharistiefeier in den Nachbarort gefahren. Wir hatten uns aber tatsächlich dazu entschlossen, am Ort zu bleiben, in unserer Gemeinde, in unserer Kirche, ob zu einer Eucharistiefeier oder zu einem Wortgottesdienst.«

Bei solchen Entscheidungen bleibt es nicht aus, dass die alte Furcht vor Demokratie in der Kirche wieder aufkommt. »Sagen wir es in aller Klarheit, hier geht es um Macht«, sagt Erzbischof Rouet. Diese Position will er dem Pfarrer nicht weiterhin zuschreiben.[60]

Das »Memorandum Freiheit« der deutschsprachigen Theologieprofessoren forderte: »In allen Feldern des kirchlichen Lebens ist die Beteiligung der Gläubigen ein Prüfstein für die Glaubwürdigkeit der Freiheitsbotschaft des Evangeliums. Gemäß dem alten Rechtsprinzip ›Was alle angeht, soll von allen entschieden werden‹ braucht es mehr synodale Strukturen auf allen Ebenen der Kirche. Die Gläubigen sind an der Bestellung wichtiger Amtsträger (Bischof, Pfarrer) zu beteiligen. Was vor Ort entschieden werden kann, soll dort entschieden werden. Entscheidungen müssen transparent sein.«

Die reformatorischen Kirchen würden der Catholica im Übrigen erhebliche Hilfe entgegenbringen, wenn sie ihrerseits weniger »Pastorenkirche« wären. Sie hätten über fünfhundert Jahre hin Zeit und Freiheit genug gehabt, breitere Gemeindestrukturen zu entwickeln. Hoffentlich drängen auch hier personelle Engpässe zu mehr Laienverantwortung.

2. Gebet und Gottesdienst

> Es muss Orte des konzentrierten Lebens, Betens, Meditierens geben ..., damit das, was hier an diesen Schatzorten aufbewahrt, erfahren, gelernt und zur Verfügung gestellt wird, sich überall, in aller freien Wirklichkeit, jenseits von Tempeln, Synagogen, Moscheen und Kirchen auswirken kann.
>
> *Matthias Kroeger*[61]

Hinter dem Gebet und hinter den Gottesdiensten des Christentums fehlt eine Dimension, aus welcher jeder Kult schöpfen muss: meditative Praxis. In der Mystik geht es um einen Erfahrungshintergrund, ohne den Religion taubes Stroh ist. Noch vielmehr: Es geht um die Zurücknahme des Ich, damit jene tieferen Erfahrungsebenen auftauchen können, welche die normale Ich-Aktivität verdeckt. Denn das Ich mit seinen bisher absolvierten Bewusstseinsebenen – der erstaunliche Weg der Evolution des menschlichen Geistes – ist zugleich ein Schleier, der die tiefere Identität des Menschen verdeckt. Man wird nicht erwarten können, dass sich kirchliche Gottesdienste regulär mit Zen-Übungen verbinden, aber wünschens- und fordernswert ist es, dass es zunehmend mehr Zen-Lehrer und im Zen Geübte unter Theologen und Pfarrern gibt, deren Einfluss zu einer deutlichen Veränderung des spirituellen Milieus in den Kirchen führt. Wenn es denn so ist, wie der in diesem Zusammenhang unaufhörlich zitierte Karl Rahner meinte, dass die Überlebenschance des Christentums an seiner Wiederentdeckung der Mystik hänge, und diese die »Religiosität der Zukunft« sei, »... weil die Frömmigkeit von morgen nicht mehr durch die ... öffentliche Überzeugung und religiöse Sitte aller mitgetragen wird, die bisher übliche religiöse Erfahrung also nur noch eine sehr sekundäre Dressur für das religiös Institutionelle sein kann«[62], kommt alles darauf an, der meditativen Praxis im kirchlichen Milieu Raum zu geben.

Das freilich, darf man voraussagen, würde vieles verändern: Ämter und Titel, Kleiderordnung und Repräsentanz, Darstellung von Autorität und Macht, Anspruch auf Kontrolle und Unterwerfung. Denn wenn es in der Meditation um die Zurücknahme des Ich geht, um die Öffnung des Bewusstseins in eine tiefere Dimension, dann relativieren sich alle anderen Bedeutungen. Dann verwandelt sich auch das christliche Selbstverständnis: Symbole und Bilder erschließen sich in einer neuen Leuchtkraft, das Glaubensverständnis vertieft sich. Es ereignet sich eine Bewusstseinserweiterung, in der Konfessionen und Religionen nicht gegeneinander abgeschottet sind, sondern transparent werden für die hinter ihnen liegende Ebene, die gewöhnlich von einer kulturell bedingten Interpretation überdeckt wird. Und es vollzieht sich eine Schwerpunktverlagerung von der Formel, dem dogmatischen Ausdruck, der kontrollierten Orthodoxie zu einer eigenen spirituellen Lebendigkeit hin.

Es ist nicht erforderlich, diese Entwicklung vom Kirchenvolk insgesamt zu erwarten. Es genügt, wenn ein Teil der Pfarrerschaft davon berührt wird und Bildungshäuser diese Linie verfolgen, um sie für Laien in der Gemeindeleitung zu erschließen. Dann kann sich Folgendes ereignen:

Im Rahmen der regulären Gemeindegottesdienste wird es Phasen geben, wo nicht gesprochen, nicht gesungen, nichts getan wird. Während man bisher bei einer selbst auferlegten Schweigeminute, sofern es diese gab, eine kaum unterdrückte Ungeduld spürte, lernen nun alle, die Stille anzunehmen. Aus dem gemeinsamen Schweigen erwächst innere Offenheit. Das »Anhalten der Welt« führt in kleinen Schritten zu einer neuen Gemeinsamkeit. Das gesprochene Wort gewinnt neue Kraft. Wer spricht, spricht aus eigener Ruhe. Kann warten, bis alle bereit sind zu hören. Gibt dem voraufgegangenen Wort Raum, lässt ein Lied, auch die Orgel ausklingen ... Die Sprache überwindet tote Begriffe, wird dichter und kraftvoller, lässt aufhorchen.

Alle Gebete aber unterstehen der Frage, worum wir überhaupt bitten können. Dass Gott in Natur und Geschichte von außen eingreift, lässt sich nicht herbeibitten. Will eine Gemeinde für konkrete Menschen oder Menschengruppen beten, so muss sie die eigenen Möglichkeiten in der jeweiligen Sache mit einbeziehen. Beten heißt, angesichts einer herausfordernden Situation den Ort der eigenen Verantwortlichkeit mit letztem Ernst zu suchen. Bittgebete verpflichten zu Engagement.

3. Eucharistie/Abendmahl

Eine Gruppe von Priestern isst mit dem Bischof zu Mittag, wobei sie Geschichten über die neuesten Vorgänge in ihren Gemeinden austauschen. Ein junger Priester berichtet über eine Hochzeitsmesse, die er kürzlich gehalten hat. Als es zur Kommunion kam, erblickte er einen Mann und dessen Frau, von denen er wusste, dass sie Protestanten sind, die sich in der Reihe vorwärts bewegten. Er sagt, er sei in Panik geraten und habe nicht gewusst, was er tun sollte. Dann, sagt er, traf es ihn. »Ich fragte mich einfach, was würde Jesus tun?« Das Gelächter erstirbt plötzlich, während der Bischof, nun todernst, sich dem jungen Priester zuwendet: »*Das* haben sie doch nicht getan, oder?«

John L. Allen[63]

Wer ist denn provokativ? Wir können nicht darauf warten, bis die letzten fußkranken Mitglieder von Kirchenleitungen angekommen sind und das Mahl für erlaubt halten. Wenn Gruppen ein solches Mahl anbieten, dann bitte ich Sie, dorthin zu gehen und einander das Brot und den Wein zu reichen. Wir alle sind verantwortlich für das Fortschreiten der Wahrheit. Es gibt nicht nur die Tugend des Gehorsams, es gibt auch die Tugend des Ungehorsams. Es gibt die Sünde des Gehorsams, wo man nicht gehorchen darf. Wir Deutschen wissen davon ein Lied zu singen.

Fulbert Steffensky[64]

Der Glaube der Kirche scheint, dogmatisch gesehen, eine stabile Größe zu sein, gewissermaßen unveränderlich. Geschichtlich gesehen ist er es nicht. Was wirklich geglaubt wird, ändert sich von Epoche zu Epoche, Region zu Region und vor allem von Mensch zu Mensch. Man braucht nur genau hinzusehen, wie sich die theologischen Handbücher verändern, wie die Kirchengesangbücher ihre Auswahl treffen und das Liedgut retuschieren.

Das gilt auch für die überlieferte Abendmahlslehre in ihren philosophischen Distinktionen von Substanz und Akzidenz, Realpräsenz und Transsubstantiation, insbesondere wenn man diese mit den geschichtlichen Anfängen konfrontiert – und dabei aufhebt. Das »Vermächt-

116

nis« Jesu sehen wir nicht mehr im vermeintlich »Letzten Abendmahl«, sondern in seiner Übung offener Tischgemeinschaft. Wer die Mahlgleichnisse Jesu von der Abendmahlsdeutung trennt, kann sich zwar auf eine frühe liturgische Entwicklung stützen, er verfehlt aber die zentrale Botschaft Jesu. Deren Kern war es, mit Menschen, die gesellschaftlich nicht harmonieren, an einem Tisch zusammenzukommen, um konkret erfahrbar zu machen, wie der Himmel auf Erden sein kann.

Muss die Liturgie der Kirchen im Lebensprogramm Jesu Rückhalt finden? Die katholische wie die evangelische Kirche stellen sich dieser Frage bisher nicht. Sie folgen einem Kult, der sich erst nach Jesu Tod entwickelt hat und dabei Deutungen benutzte, die zwar dem antiken Umfeld entsprachen, aber dem Gottesverständnis Jesu fremd sind. Indem die Abendmahlstexte einen Jesus schildern, der bereits auf seinen Tod zurückschaut und diesen sogar theologisch deutet, verraten sie ihre zeitlich abgehängte Position. Hier redet »Jesus« in einer Weise, die angesichts seines jähen Endes anachronistisch ist. Vor allem aber besteht die Problematik der vermeintlichen Einsetzungsworte darin, dass die beanspruchte Sühnopferdeutung der Verkündigung Jesu im Ganzen widerspricht.

Die damit geschaffene Problematik hat die spätere Kirche nicht mehr überschaut. Wenn heute bei Abendmahl oder Eucharistiefeier die »Einsetzungsworte« gesprochen werden, sind immer noch fast alle überzeugt, einen historischen Bericht zu hören. Aber ob es noch eine Generation braucht, bis sich herumspricht, dass die Theologie des Abendmahls bzw. der Eucharistie von der Praxis und Lehre Jesu korrigiert wird, oder ob dazu weitere drei, vier oder mehr Generationen erforderlich sind: die Problematik liegt auf dem Tisch. Sie wird zunehmend deutlicher auf Revision drängen. Wenn man allerdings glaubt, eine Revision sei ausgeschlossen, weil der definierte Dogmenbestand und die bisherige Tradition damit ins Wanken geraten, sollte man auch mit realistischem Sinn erwägen, in welcher Sackgasse sich die kirchliche Entwicklung dann irgendwann verfängt. Die bisherigen Debatten, ob sich katholische und evangelische Christen zu gemeinsamen Abendmahlfeiern einladen dürfen, sind in der Sache erledigt, sofern man nur beginnt, etwas tiefer zu graben und den jesuanischen Ansatz wiederzugewinnen.

4. Auch Christologie ist Anthropologie

> Auch ich bin Gottes Sohn, ich sitz an seiner Hand:
> Sein Geist, sein Fleisch und Blut ist ihm an mir bekannt.
> *Angelus Silesius*

Die Christologie der kirchlichen Praxis geht von einer erlösungsbedürftigen Welt aus, der Gott von außen gegenübersteht. Man verbindet diese Erlösung mit dem vom Himmel herabgestiegenen Sohn Gottes, der durch seinen Kreuzestod die gefallene Menschheit wieder mit dem Vatergott versöhnte. Natürlich passt eine solche Erlösungslehre nur zu einem Denken, das sich überholte mythische Vorstellungen von Gott erlaubt.

Doch schon Meister Eckhart († 1328) gab dieser Christologie eine andere Deutung, indem er die theistische Dogmatik entgrenzte. Was die Schultheologie Christus alleine vorbehält, spricht er jedem Menschen zu: »Alles, was die Heilige Schrift über Christus sagt, das bewahrheitet sich völlig an jedem guten und göttlichen Menschen.« Und: »Alles, was Gott Vater seinem eingeborenen Sohn in der menschlichen Natur gegeben hat, das hat er alles auch mir gegeben: hiervon nehme ich nichts aus, weder Einigung noch Heiligkeit, sondern er hat mir alles ebenso gegeben wie ihm« (Predigt 5 und Bulle Johannes XXII., Nr. 12 und 11).

Jesus von Nazaret war ein Mensch von einmaliger Individualität und mit einmaliger Geschichte. Sein Tod am Kreuz war der Tod eines Propheten, mit dem dieser für sein öffentliches Auftreten büßte, ähnlich wie Martin Luther King oder Oscar Romero für ihr Leben bezahlten. Von Jeremia heißt es: »Als er nun alles gesagt hatte, was ihn Jahwe zu reden geheißen, ergriffen ihn die Priester ... und alles Volk und sprachen: Du musst sterben« (Jer 26,8). Für Jesus lässt sich ein ähnliches Schicksal behaupten. Er selbst dürfte den eigenen Tod als Folge seines Auftretens in Jerusalem verstanden haben. Das Kreuz in unseren Kirchen mahnt, jene zu erkennen und ihnen zu helfen, die vor unseren Augen oder gar unter eigener Beteiligung gekreuzigt werden.

Wenn dieser Jesus nun aber in späterer Deutung als »eingeborener Sohn« Gottes bezeichnet wurde, schließlich sogar als »Licht vom Licht, wahrer Gott vom wahren Gott, eines Wesens mit dem Vater«, so sieht die Mystik darin Kennzeichnungen, die sie jedem anderen Menschen auch zuspricht. Bei Meister Eckhart heißt es:

»Darum bin ich Ursache meiner selbst meinem Sein nach, das ewig ist, nicht aber dem Werden nach, das zeitlich ist. Und darum bin ich ungeboren, und nach der Weise meiner Ungeborenheit bin ich ewig gewesen und bin ich jetzt und werde ich ewig bleiben. Was ich meiner Geborenheit nach bin, das wird sterben und zunichte werden, denn es ist sterblich; darum muss es mit der Zeit verderben. In meiner ewigen Geburt wurden alle Dinge geboren, und ich war die Ursache meiner selbst und aller Dinge.

Der Vater gebiert seinen Sohn ohne Unterlass, und ich sage mehr noch: Er gebiert mich als seinen Sohn und als denselben Sohn. Ich sage noch mehr: Er gebiert mich nicht allein als seinen Sohn; er gebiert mich als sich und sich als mich und mich als sein Sein und als seine Natur.«[65]

Die gängige theologische Tradition aber denkt dualistisch und additiv: als trenne Natur und Gnade eine saubere Grenze; als könne der Mensch »reine Natur« bar des »göttlichen Funkens« sein; als füge sich Gotteserkenntnis aus »geoffenbarter« und »natürlicher« Erkenntnis zusammen. Stattdessen bleibt zu fragen, ob die innere und unbedingte Hinordnung des Menschen auf Gott nicht in dem Sinne ein Konstitutiv seines Menschseins ist, als der Mensch ohne dieses Konstitutiv nicht gedacht werden kann. Gotteserkenntnis ist dann nie eine partielle Erfahrung, sondern umgreift Gott, Mensch und Welt in einem, ohne sich aus »natürlicher« und »übernatürlicher«, sogenannter »geoffenbarter« Erkenntnis zusammenzusetzen.

Der Weg zur Gotteserfahrung setzt nicht *neben* oder *hinter* den regulären menschlichen Erfahrungen an, sondern *in* diesen selbst. Dies bedeutet, die Gotteserfahrung auch nicht *neben* einer lebenslangen Selbsterfahrung unterzubringen, sondern Selbsterfahrung mit Gotteserfahrung verschränkt zu sehen. Geschieht dies, ist

• zur Feststellung dienend bestimm... das Wesen einer Sache grundlegen...

120

kein theologischer Satz mehr möglich, der nicht zugleich auf eigene Erfahrung bezogen wäre, und zwar in einer Weise, die im Aufschließen eigener Erfahrung die Sensibilität für neue, tiefergehende Erfahrung weckt.

Auch Christologie ist Anthropologie. Der Titel »Christus« gilt dem Mystiker als übertragbar auf die ewige, transpersonale Seinsweise, die alle Menschen kennzeichnet. Solange wir zwischen Jesus und uns eine unüberwindliche Kluft schaffen, verbindet sich sein Reich-Gottes-Programm nicht mit dem Alltag der Welt. Solange wir Jesus nur anbeten, werden wir ihm nicht folgen. Das Göttliche, das ihn erfüllte, muss auch in uns zum Durchbruch kommen – als Licht der Welt.

Anmerkungen

1 Joseph Ratzinger, Das neue Volk Gottes. Entwürfe zur Ekklesiologie. Patmos, Düsseldorf 1972, 147.

2 Nach Bertolt Brecht, Mutter Courage und ihre Kinder. Suhrkamp, Frankfurt am Main 1966.

3 Klaus-Peter Jörns, Die neuen Gesichter Gottes. Was die Menschen wirklich glauben. C. H. Beck, München 1997.

4 Dieter Wellershoff, Der Himmel ist kein Ort. Roman. Kiepenheuer & Witsch, Köln 2009, 200; 202; 204.

5 13. Shell Jugendstudie 2000. Leske & Budrich, Opladen 2000.

6 14. Shell Jugendstudie 2010. Leske & Budrich, Opladen 2010.

7 Ivan Illich, In den Flüssen nördlich der Zukunft. Letzte Gespräche über Religion und Gesellschaft mit David Cayley. C.H. Beck, München 2006, 15.

8 Günther Bornkamm, Paulus. Kohlhammer, Stuttgart 1969, 243.

9 John Dominic Crossan, Jesus. Ein revolutionäres Leben. C.H. Beck, München 1996, 103.

10 Norbert Brox, Kirchengeschichte des Altertums. Patmos, Düsseldorf 1983, 138.

11 Werner Böckenförde, Aus der Geschichte der römischen Kongregation für die Glaubenslehre, in: Leo Waltermann, Rom, Platz des Heiligen Offiziums Nr. 11. Styria, Graz/Wien/Köln 1970, 184.

12 Gianni Vattimo, Jenseits des Christentums: Gibt es eine Welt ohne Gott? Hanser, München 2004

13 Martin Walser in seinem Roman »Halbzeit«. Suhrkamp, Frankfurt am Main 1960.

14 Johannes Röser, Editorial »Der Samen«, in: Christ in der Gegenwart (CiG), 43/2008, 480.

15 Katechismus der Katholischen Kirche, (1992). Neuübersetzung aufgrund der Editio typica Latina. Oldenbourg, München/Wien; Benno, Leipzig; Paulus, Freiburg in der Schweiz 2003.

16 Ernst Jünger, zit. n. Guido Fuchs, Fronleichnam. Ein Fest in Bewegung. Pustet, Regensburg 2006, 7.

17 Friedhelm Hengsbach, Gottes Volk im kirchlichen Exil, in: Imprimatur, 3/2010, 142.

18 Fulbert Steffensky, zit. n. Manuskript.

19 Hansjürgen Verweyen, Der Weltkatechismus. Therapie oder Symptom einer kranken Kirche? Patmos, Düsseldorf 1993, 84.

20 Walter Simonis, Jesus Christus, wahrer Mensch und unser Herr. Christologie. Patmos, Düsseldorf 2004, 126.

21 Herbert Vorgrimler, Gott. Vater, Sohn und Heiliger Geist. Aschendorff, Münster 2003, 89 f.

22 Adolf von Harnack, Das Wesen des Christentums. Berlin 1900. Mohn Gütersloh 1985, 90.

23 Herbert Vorgrimler, a. a. O., 89.

24 Ivan Illich, a. a. O., 232.

25 Paul Hoffmann, Jesus von Nazaret und die Kirche. Kath. Bibelwerk, Stuttgart 2009, 35 f.

26 Paul Hoffmann, , a. a. O., 90.

27 Johannes Röser, Einstein hat Folgen. Jenseits des Kinderglaubens: Gott, die Flut und der Kosmos, CiG, 5/2005.

28 Johannes Röser, CiG, 7/2009.

29 Eugen Drewermann, Wenn die Götter Sterne wären. Moderne Kosmologie und Glaube. Herder, Freiburg 2004, 236 f.

30 Eugen Drewermann, … und es geschah so. Die moderne Biologie und die Frage nach Gott. Patmos, Düsseldorf 1999, 627.

31 Eugen Drewermann, … und es geschah so, a. a. O., 772.

32 Willi Obrist, Tiefenpsychologie und Theologie. Zwei Etappen der Evolution des Bewusstseins. Patmos, Düsseldorf 1993, 258.

33 C. G. Jung, Erinnerungen. Walter, Olten 1971, 299.

34 Ernst Troeltsch, Die Absolutheit des Christentums und die Religionsgeschichte (1902), Neuausgabe Siebenstern-TB, München/Hamburg 1969, 99.

35 Eugen Drewermann, Tiefenpsychologie und Exegese. Bd. II. Walter, Olten 1985, 763.

36 Jürgen Werbick, Den Glauben verantworten. Eine Fundamentaltheologie. Herder, Freiburg/Basel/Wien 2005, 261.

37 Hansjürgen Verweyen, a. a. O., 133.

38 Hermann Kurzke/Jacques Wirion, Unglaubensgespräche. C.H. Beck 2004, 234.

39 Sören Kiekegaard, Der Augenblick, XIV.

40 Hans Küng, Ist die Kirche noch zu retten? Piper, München/ Zürich 2011.

41 Norbert Brox, Kirchengeschichte, a.a.O., 94.

42 Klaus Schatz, Der päpstliche Primat. Seine Geschichte von den Ursprüngen bis zur Gegenwart. Echter, Würzburg 1990, 14.

43 Rudolf Lill, Glaube und historische Vernunft. Vom Umgang des Vatikan mit der Geschichte, in: Hans Zehetmair (Hg.), Glaube, Vernunft, Politik. Eine Verhältnisbestimmung. Herder, Freiburg 2009, 145 ff.

44 Joseph Ratzinger/Benedikt XVI., Zur Lage des Glaubens. Ein Gespräch mit Vittorio Messori. Herder, Freiburg 1985; 2006, 49.

45 Rudolf Lill im Gespräch mit Peter Seewald über das Buch Benedikts XVI. »Licht der Welt«, in: Imprimatur 1/2011, 19.

46 Bericht über eine Tagung in Tutzing zu »Religion und Aufklärung«, Süddeutsche Zeitung vom 5. April 2011.

47 Paul Hoffmann, a.a.O., 175.

48 Reinhold Schneider, zit.n. Karl-Josef Kuschel, Vielleicht hält Gott sich einige Dichter. Grünewald, Mainz 1996, 244.

49 Arnold Angenendt, Toleranz und Gewalt. Aschendorff, Münster 2007, 359.

50 Kardinal Suenens, Erzbischof von Mechelen und Brüssel, in einem Interview vom 15. Mai 1969. Zit. n. José de Broucker, Das Dossier Suenens. Diagnose eine Krise. Styria, Graz 1970, 36.

51 Johannes Röser, Das heilige Experiment: Ehe, in CiG, 6/2011, 56.

52 Paul Hoffmann, a.a.O., 175 f.

53 Norbert Lüdecke, zit. n. Manuskript.

54 Werner Böckenförde, Zur gegenwärtigen Lage in der römisch-katholischen Kirche. Kirchenrechtliche Anmerkungen, in: Orientierung Nr. 21, (62) 1998, 228–234, hier: 232; 234.

55 John L. Allen, Joseph Ratzinger. Biographie. Patmos, Düsseldorf 2002, 115–166.

56 Joseph Ratzinger/Benedikt XVI., Zur Lage des Glaubens, a.a.O., 49.

57 Friedhelm Hengsbach, Gottes Volk, a.a.O., 137.

58 Hermann Häring, Freiheit im Haus des Herrn. Vom Ende der klerikalen Weltkirche. Gütersloh 2011, 142f.

59 »Memorandum zur Zölibatsdiskussion« vom 9. Februar 1970, unterzeichnet von Ludwig Berg, Alfons Deissler, Richard Egenter, Walter Kasper, Karl Lehmann, Karl Rahner, Joseph Ratzinger, Rudolf Schnackenburg und Otto Semmelroth; zit. n. »Pipeline« Mitteilungsblatt des Aktionskreises Regensburg (AKR) 2/2010, 42–53.

60 Albert Rouet, Auf dem Weg zu einer erneuerten Kirche, in: Reinhart Feiter/Hadwig Müller (Hg.), Was wird jetzt aus uns, Herr Bischof? Ermutigende Erfahrungen der Gemeindebildung in Poitiers. Schwabenverlag, Ostfildern 2009, 17–42.

61 Matthias Kroeger, Im religiösen Umbruch der Welt: Der fällige Ruck in den Köpfen der Kirche. Kohlhammer, Stuttgart 2004, 281f.

62 Karl Rahner, Schriften zur Theologie, Bd. VII, Zur Theologie des geistlichen Lebens. Benziger, Zürich 1966, VII, 21f.

63 John L. Allen, a.a.O., 331.

64 Fulbert Steffensky auf dem 32. Deutschen Kirchentag 2009 in Bremen.

65 Meister Eckhart, Predigt 52, Beati pauperes spiritu, DW II, 488,6.

Der Glaube der Christen

Der Glaube
erschlossen und kommentiert
von Hubertus Halbfas

Format 20 x 26,5 cm
600 Seiten
durchgehend vierfarbig
Leinen mit
Schutzumschlag
ISBN 978-3-491-72563-8
www.patmos.de

Was Hubertus Halbfas in der vorliegenden Schrift in knappen
Skizzen ausführt, entfaltet und begründet er breit in seinem Buch
»Der Glaube«. Damit bietet er einen Schlüssel zur religiösen Situa-
tion unserer Zeit. Er vermittelt ein vielschichtiges Bild des christ-
lichen Glaubens angesichts des heutigen Traditionsabbruchs.
Die der Glaubenslehre widerstreitenden Erkenntnisse der Wissen-
schaften sind ebenso Thema wie die durch überfällige kirchliche
Reformen ausgelösten Belastungen. Eine geistige Herausforde-
rung ersten Ranges.
Viele Stimmen kommen in Rede und Gegenrede zu Wort. Sie ver-
helfen zu einem eigenen Urteil. Ein breites Spektrum pointierter
Stellungnahmen theologischer, philosophischer und literarischer
Herkunft tritt zum Grundtext hinzu.
Der reich ausgestattete Band lädt zum Blättern und Schauen, vor
allem aber zum Lesen ein: Trotz seines Preises ist es ein sehr wohl-
feiles Buch. So opulent, einladend und anregend das gewichtige
Werk dem Leser entgegenkommt, ersetzt es zugleich eine ganze
Bibliothek.

»Das umfangreiche aber sehr schön gestaltete Buch von Hubertus Halbfas ist eine äußerst lehrreiche Lektüre. Man erfährt nicht nur viel über das Christentum, sondern auch über die Entwicklung des Bewusstseins, über Naturwissenschaft und Evolution, über Philosophie und Kunst. Das Buch ist aber vor allem ein leidenschaftliches Plädoyer, den christlichen Glauben von seinen jesuanischen Anfängen an neu zu buchstabieren.«
Lorenz Marti

»Ein spannendes, provozierendes, zum Selberdenken anregendes Schmökerbuch für Wochen und Monate.«
Christian Feldmann

»Ein phänomenales Handbuch und Lesebuch: unglaublich informativ und zeitbezogen, auch bei komplizierten Sachverhalten verständlich und sachkundig, durch reichhaltige kommentierte Bebilderung sowie durch deutlich markierte und nachgewiesene Zitate zusätzlich leserfreundlich, inhaltlich ausgesprochen gewichtig ... mit dem ›Willen zum Gehorsam gegenüber der Wahrheit‹. Keinem Gegenargument gegen Religion, Christentum und Gottesglauben wird ausgewichen, alles wird geprüft, ohne jede Berührungsangst.«
Andreas Rösler

»Halbfas ist ein Erzählgenie ... Sein didaktisches Geschick macht die Lektüre zum Erlebnis. Ein schön aufgemachter Band, der sich vor allem durch eins auszeichnet: dass er Fragen beantwortet, die auch wirklich gestellt werden.«
Chrismon

»600 Seiten im großen Format, bedruckt auf gestrichenem Papier, gebunden in feinem Leinen, und das Ganze zum unglaublich günstigen Preis von 58 Euro – diese Anschaffung kann man nur empfehlen ....«
CONCILIUM